일 잘하는 공무원은
문장부터 다릅니다

공직자를 위한
말하기와
글쓰기

일 잘하는 공무원은
문장부터 다릅니다

박찬식 지음

한겨레출판

출판사에서 보내준 원고를 시큰둥하게 읽기 시작했다. 저자의 문명(文名)은 신문 지면을 통해 익히 알고 있었고, 글을 쓰는 내겐 경애의 대상이기도 했지만, 나는 이미 말하기와 글쓰기 책 여러 권을 쓰지 않았던가. 그저 그런 얘기이리라, 큰 기대 없이 읽기 시작했다. 그런데 웬걸. 서문부터 빠져들었다. 대충 훑어보려 했던 애초 생각은 온데간데없어졌다.

읽어가면서 자세를 고쳐 잡았다. 내려 보다 올려 보게 됐다. 평가하는 입장에서 배우는 자세로 바뀌었다. 급기야 괜한 트집까지 잡고 싶어졌다. 말하기와 글쓰기, 두 마리 토끼 잡는 법을 알려주는 것은 상도의(?)에 어긋나지 않은가. 글쓰기, 말하기 책으로 먹고사는 작가들에 대한 배려가 없지 않은가 말이다.

그뿐만 아니라 저자는 말하기와 글쓰기에 관해 얘기할 수 있는 삼박자 조건을 모두 갖췄다. 기자와 공직자, 언론학자라는 경력과 식견이 그것이다. 내가 젊은 시절 꿈꿨던 기자 생활, 앞으로 도전하고 싶은 학자의 길을 이미 경험했다. 그런 경험이 이 책에 고스란히 담겼다. 기자 시절 관찰자로서 공직자의 말과 글을 지켜본 경험과, 스스로 공직자가 되어 체험한 내용, 언론학자로서 연구한 결과를 쓸어 담아 놨다. 이 또한 반칙이다. 동업자로서 도리가 아니다.

그럼에도 공직에 계신 분들께 추천하지 않을 수 없다. 공직자의 말과 글에 관해 이만큼 깊이 고민한 책을 아직 보지 못했다. 공직자는 말과 글로 평가받는다. 공직자가 생산해내는 유일한 '제품'은 말과 글이다. 공직자는 말과 글을 통해 정책을 펼치고 국민과 소통한다. 그런 공직자에게 이 책을 읽는 일은 분명 수지맞는 장사다. 이 책을 읽은 후 당신의 말과 글은 이전과 분명 다를 것이라고 확신한다.

_강원국(《대통령의 글쓰기》, 《강원국의 어른답게 말합니다》 저자)

글쓰기 강의를 하면서 자주 받는 질문은 "비법을 알려달라"는 것이다. 이럴 때마다 가슴이 먹먹해진다. 초롱초롱 눈빛을 반짝이며 나만 바라보는 교육생들에게 "글쓰기

비법은 따로 없답니다. 많이 읽고 자주 써보세요"라는 말을 건네는 게 힘들다.

사실은 그렇다. 정성을 가득 담아 뽀얀 국물을 우려낸 곰탕처럼 글쓰기에도 레시피가 있다. 다만 글쓰기는 인스턴트 음식과 달리 빨리 익힐 수 없고 즉석에서 조리해 먹을 수도 없다. 곰삭은 맛을 내려면 기다림과 어울림이 필요하듯이 괜찮은 글을 쓰려면 많은 준비가 필요하다.

판사가 판결로 말한다면, 공직자는 보고서로 일하는 직업이다. 보고서는 논리적이어야 하고, 그 속에는 분석과 통찰, 창의성이 담겨야 한다. 몇 가지 비법만으로 글쓰기가 어려운 이유이다. 이런 상황에서 공무원들의 고민을 덜어줄 반가운 책을 만났다. 공직자들의 글 쓰는 마음을 잡아주고(1부), 약점은 빼주고(4부), 말과 글 솜씨를 더해주는 데(2부·3부) 이보다 알맞은 책은 없다.

_조명성(인사혁신처 국가공무원인재개발원 교수)

공감과 협력에서 출발하는
공공언어를 꿈꾸며

나는 신문기자로 일했다. 사회부, 국제부, 정치부에서 현장 취재를 했고 문화부장, 정치부장과 논설위원을 맡아봤다. 기자만 할 때는 훌륭한 기자로 성공하기를 목표로 삼았다. 다른 기자들과 마찬가지로 취재원을 개척하고 관리하며 중요한 뉴스를 취재해 글로 옮기는 일을 좋아했고 그 일에 몰두했다.

신문사에 재직하면서 언론학으로 석사와 박사 학위를 받았다. 장롱면허가 되지 않도록 학위를 써먹는 차원에서 대학 강의(야간)를 구했다. 첫 학기에 한 전문대학에서 '말하기와 글쓰기' 과목을 강의했는데 학생들이 어떻게 생각하는가는 제쳐두고, 나 자신이 이 과목 강의가 너무 재미있었다. 강의는 '산업체 협동 학사과정'이라고 해서 20~30대 직장인들이 낮에는 직장에서 일하고 저녁에는 등교해 공부하는 형태였다.

학생들은 대부분 발표 불안증 때문에 힘들어했다. 그 문제를 해결해주어야 했다. 나는 학생들에게 여러 사람 앞에서 발표할 때 나타나는 증상(식은땀을 흘린다거나 손이 떨리는 등)과 그때의 심정, 불안한 이유 따위를 있는 그대로 설명하도록 요구했다. 학생들은 자기 증상을 털어놓고 남들 사례도 들으면서 자기만 발표 불안증을 겪는 게 아님을 깨닫고 마음이 편해지는 순간을 체험했다. 일종의 치유 효과라고 할까. 이런 식으로 한 학기 수업을 하면서 학생들은 "말하기가 훨씬 쉬워졌어요"라고 털어놓았고 나는 거기에서 재미를 느꼈다.

그 무렵 나는 한국소통학회에서 부회장으로 활동했다. 한국소통학회는 본래 '스피치커뮤니케이션학회'라고 부르다가 이름을 바꿨는데, 언론학 영역 가운데 인간관계와 의사소통을 주된 분야로 삼고 있다. 학교 강의를 준비하고 학회 활동을 하면서 말하기와 글쓰기, 소통, 메시지에 관련된 책과 논문을 손에 걸리는 대로 읽어나갔다. 학교뿐 아니라 서울 성북구청 공무원 교육, 서울도시철도공사 간부 워크숍, 국회 입법고시 합격 사무관 수습과정 교육을 비롯해 공공기관을 상대로 특강을 다니기도 했다. 소통을 주제로 특강을 하고 청중과 질의응답하는 일이 흥미롭고 지적인 자극도 되었다.

언론인들도 경력이 쌓이면서 대개 자기 관심 분야가 생긴다. 내 경우는 초년 기자 때 특종을 주로 꿈꿨던 데서, 미디어를 통해서든 다른 경로를 통해서든 '우리 사회에서 소통을 어떻게 활성화할 것이냐'로 관심사가 발전해갔다. 소통이 잘되는 사회가 행복하고 건강하며 균형 잡힌 사회 아니겠는가. 기자 개인으로서 기사를 잘 쓰기 위해서만이 아니라 우리 사회 소통을 활성화하기 위해 말과 글이 중요하다는 믿음을 키워나갔다.

신문사 일을 어느 정도 한 다음에 인연이 닿아 국방부 소속기관인 국방홍보원이란 곳에서 공직 생활을 하게 됐다. 〈국방일보〉, 국방TV, 국방FM, 국방누리(뉴미디어)를 운영하는 미디어 기관 책임자가 됐는데, 이곳에 공무원 190명가량이 근무했다. 공직사회에 들어가보니, 언론인 시절 바깥에서 관찰하던 것과 또 달랐다. 우리 공직자들은 자질이 괜찮고 근무 태도가 성실했다. 그런데 공직자들이 말하기와 글쓰기를 자주 힘들어하며 이 때문에 업무 현장에서 어려움을 만만찮게 겪고 있음을 알게 됐다.

이 책을 쓰기까지 경과를 나름대로 빠짐없이 설명하고자 했다. 나는 소통, 그중에서도 말하기와 글쓰기를 관심 영역으로 삼은 내력이 꽤 길다. 언론인으로서 소통이라는 화두를 붙들고 씨름하고 고민해온 결과물을 이 책에 담았다. 원고는 신문사 시절부터 여러 해에 걸쳐 준비했는데, 마침 나 자신이 공직자가 되어 공직자들이 겪는 어려움을 잘 알게 된 것을 활용하려고 공직자 눈높이에 맞도록 원고를 수정했다.

온라인 서점에서 스피치, 메시지, 말하기, 글쓰기, 소통 따위 검색어를 입력하면 책이 여러 종류 쏟아져 나온다. 그중에 훌륭한 책도 있지만 말하기와 글쓰기 요령을 얕게 거죽만 훑는 책이 적지 않다. 이 책은 시중에 나와 있는 화법, 화술, 소통, 작문 기법 서적에서도 장점을 취하되 문제의식과 접근 방법은 결을 달리했다. 나는 공직사회 직무 특성은 무엇이며, 공공영역에서 일하는 사람들은 어떻게 소통해야 바람직한가를 탐구해 원고에 반영하고자 했다.

정부와 공공기관은 직무를 수행할 때 공공성을 중시한다. 특정인이나 특정 계층에게 정책과 서비스 효과가 편중되지 않도록 해야 하며, 수익성이나 겉으로 보이는 효율성보다는 책임성, 신뢰성, 지속 가능성을 중심으로 업무를 설계해야 한다. 나는 공공영역 사람들은 소통할 때 공감과 협력을 으뜸 가치로 삼아야 한다고 믿는다. 공직자의 말하기와 글쓰기도 마찬가지다. 공동체 구성원을 인간으로 존중하고 배려하며 경청하고 수평적으로 협업하기 위한 말하기와 글쓰기를 공직자들이 적극적으로 익혀야 한다.

공감과 협력은 공직사회에서만 중요한 것이 아니다. 디지털 변혁과 인공지능 도입이 이뤄지는 4차 산업혁명 시대에 이르러 공감과 협력은 세상에서 점점 중요한 가치로 떠오르고 있다. 세계 1위 디지털 기업인 구글은 모든 직원의 10년치 인사 자료를 분석해 구글에서 성공하는 데 필요한 여덟 가지 자질을 뽑아냈다. 놀

랍게도 과학·기술·공학·수학 분야 전문성은 뒷전이었다. 대신에 좋은 코치 되기, 소통과 청취 잘하기, 관점과 가치가 다른 사람들에 대한 통찰, 동료를 지원하고 공감하기, 비판적으로 생각하고 문제를 해결하기, 복합적 아이디어들을 연결하기 등이 1~7위를 차지했다. 혼자 잘난 척하지 말고 공감하고 협력할 줄 알아야 기업에서도 성과를 낸다는 이야기였다.

이 책에서 1부 '타인을 향한 말과 글의 시작'은 총론이다. 공감과 협력이라는 가치를 반영해 어떻게 말하고 어떻게 글을 쓸 것인가? 그것이 분명히 필요하고 별로 어려운 이야기도 아님을 설명했다. 지금은 권력을 휘둘러 누구 입을 틀어막을 수 있는 시대가 아니다. 말과 글로 설명하고 공감을 얻어야 한다. 이를 위해 말하기와 글쓰기 공부가 필요함을 설명했다.

2부 '상황에 맞는 말하기의 힘'은 말하기에 관한 현장용 조언을 제시했다. 축사, 응원하기, 사과하기, 아부 기술, 유머의 원리, 토론과 비판, 눈 맞추기, 말실수 예방과 수습에 이르기까지 다양한 현장 상황에서 대응 원칙을 다뤘다. 이 책을 읽고 나면 화려한 말솜씨를 갖춘 웅변가로 변신할 수 있다고 필자는 약속하지 않는다. 대신에 어떤 자리에서든 주변 사람을 편안하게 해주고 원만하게 어울리는, 그럼으로써 독자 여러분이 경쟁력을 발휘하도록 하는 대화 원리를 익힐 수 있으리라고 필자는 자신한다.

3부 '글쓰기, 일 잘하는 공직자의 무기'는 글쓰기에 관한 현장

일 잘하는 공무원은 문장부터 다릅니다

용 조언을 묶었다. 공직자 글쓰기는 문학 글쓰기와 전혀 다르다. 화려한 수식어와 표현 기술을 쓸 필요가 없다. 명료하게 작성해 뜻을 쉽고 간명하게 정중한 방식으로 전달하면 된다. 그렇게 글을 쓰는 것이 쉽지만은 않다. 여기에 글쓰기 순서와 어휘, 문장, 피동형과 번역투 문제, 퇴고 방법을 제시했다. 보도자료와 안내문 작성법도 알려둠으로써 이 책 한 권이면 충분하도록 했다.

4부 '누구도 배제하지 않는 공공언어 쓰기'는 공직자들이 공문서를 작성하거나 간담회를 할 때 잘못 사용하기 쉬운 우리말 사용법을 모았다. 예를 들어 남편이 세상을 떠서 혼자 남은 배우자를 '미망인'이라고 부르면 심각한 성차별이며 인신공격이 된다. 외래어와 외국어, 전문용어를 잘못 사용하면 소통이 제대로 안 되고 정책 효과가 떨어진다. 이밖에 차별 표현, 그릇된 사물 존대, 잘못된 호칭을 사용할 때 생기는 문제점과 대안을 소개했다.

전체 국민을 상대로 한 창대한 설득에서 동료와 선후배, 친지, 가족 관계에 이르기까지 소통 때문에 고민하는 사람이 많다. 너무 어렵게 생각하지 말고 범위를 좁혀서 말하기와 글쓰기부터 실력을 늘려나가면 좋겠다. 신문기자 경력과 연구·강의를 통해 축적한 부분, 짧은 시간이지만 공직사회 내부에서 관찰한 결과물을 두루 원고에 반영했다. 공직자와 공직자 지망생, 나아가 소통 때문에 고민하는 모든 사람에게 이 책이 도움이 되길 바란다.

차례

3부 글쓰기, 일 잘하는 공직자의 무기

4부 누구도 배제하지 않는 공공언어 쓰기

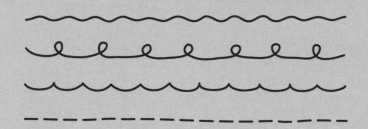

1부

타인을 향한
말과 글의 시작

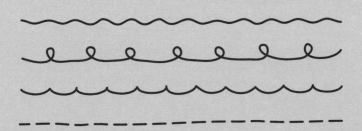

권력 휘두르기 대 말로 설득하기

권력으로 겁을 주어 따르도록 할 것인가, 아니면 말로 설득하고 토론할 것인가? '권력으로 겁주기'라는 말부터가 거칠고 위협적인 까닭에, 정답은 무조건 후자라고 독자들이 생각할지 모르겠다. 문제는 간단하지 않다. 말로 설득하려면 시간과 노력이 많이 들고 인내심이 필요하다. 말로 해서 잘되겠느냐는 불안감도 든다. 많은 권력자는 권력을 휘둘러야 목적을 훨씬 빨리 달성할 수 있다고 믿었으며, 역사에는 말보다는 권력으로 문제를 해결하는 사회가 훨씬 많았다.

고대 그리스를 보자. 밀레투스(Miletus)라는 도시국가 참주(통치자) 트라시불루스(Thrasybulus)는 주민을 일사불란하게 잘 통제한다고 명성이 자자했다. 다른 도시국가 참주가 그 비결을 배우고 싶어 사신을 보냈다. 밀레투스 참주는 사신 일행을 교외 보리

밭으로 데려가서, 칼을 뽑아들더니 웃자란 보리 이삭을 단숨에 잘라내어 보여주었다. 말을 듣지 않고 머리를 드는 백성한테 힘을 보여주면 그만이지, 말이 왜 필요한가? 권력을 두었다 뭐에 쓰는가? 지름길을 두고 왜 멀리 돌아가는가? 그의 행동에는 대충 그런 뜻이 담겼다(이준웅, 《말과 권력》에서 재인용).

스파르타는 그리스 도시국가 가운데 강한 전투력으로 유명했다. 시민들은 체력과 전투 기량을 평소에 열심히 닦고 길렀다. 한번은 페르시아 왕 크세르크세스 1세가 스파르타로 사절을 보내 항복하라고 요구했다. "무기를 내놓으면 목숨을 살려주겠다"라는 제안에 스파르타 왕 레오니다스 1세는 단 두 단어로 대답했다. "와서 (목숨을) 가져가시오." 스파르타 사람들은 간결하게 요점 중심으로 전달하는 화법을 썼다. 간결한 수사학 화법을 '라케다이몬 방식(laconic)'이라고 부르는데, 라케다이몬이 스파르타를 일컫는 별칭인 데서 비롯한 말이다. 오해하지 마시라. 스파르타는 일반적인 인상과 달리 전체주의나 군국주의 체제가 아니었다. 시민들이 공동체 의사결정에 참여하는 그 나름의 민주주의 체제를 갖고 있었다.

민주주의 원조로 꼽는 아테네에서는 시민들이 광장에서 민회를 열어 중요한 쟁점을 논의했다. 전쟁 여부에서부터 세금, 교육 제도 개편 따위를 민회에서 다뤘다. 내로라하는 논객들이 쟁점을 놓고 민회에서 연설했고 청중들의 질문에 답했다. 투표가 필요할

일 잘하는 공무원은 문장부터 다릅니다

때는 조약돌을 이용했다. 조약돌을 당시 '프세포스(psephos)'라고 불렀는데 여기서 선거와 투표 통계를 전문적으로 연구하는 학문을 뜻하는 어휘, '선거학(psephology)'이 유래했다. 아테네에서는 사법제도로 시민 배심원제를 운영했다. 재판에 이기려면 자신이 정당함을 주장해 배심원을 설득해야 했다.

아테네에서 출세하려면 말을 잘해야 했다. 예나 지금이나 부모들은 자녀교육에 관심이 많은 법이다. 귀족들은 자녀의 말하기 교육을 겸해서 현인을 집으로 초청해 연회를 열었다. 이 당시 행사 풍경을 보면, 주인과 손님들은 옆으로 길게 편안히 드러누워 포도주와 음식을 먹으면서 '인생은 무엇인가?' '사랑은 무엇인가?' 같은 지적인 주제들을 논의했다. 참석자들은 돌아가면서 한 차례씩 발언하고 질의응답을 교환했다. 독일 화가 안젤름 포이어바흐(Anselm Feuerbach)가 1873년에 그린 〈플라톤의 향연 2〉라는 유명한 유화는, 당시 풍경을 잘 전달해준다. 오늘날 학술행사를 '심포지엄'이라고 부른다. 아테네 귀족들이 연회를 겸해 열었던 좌담 행사를 심포지엄 기원으로 흔히 꼽는다. 귀족 자제들은 당대 최고 지성들이 늘어놓는 고상한 이야기를 심포지엄 말석에 앉아 귀를 쫑긋 세우고 들었다. 이것은 훌륭한 말하기 공부였다.

심포지엄을 주최할 능력이 없었던 평민들은, 대신 소피스트(sophist)한테 자제를 보냈다. 소피스트는 비교적 싼 수업료를 받고 말하기를 가르쳤다. 소피스트는 흔히 '궤변가'라고 번역하는

데, 여기에는 겉만 번지르르한 말로 세상을 어지럽힌다는 나쁜 어감이 들어 있다. 평민 자제들이 소피스트한테 말하기를 배워 광장 민회에서 이름을 날리는 것을 귀족들이 좋아할 리 없었다. 귀족의 지위가 흔들릴 수 있기 때문이다. 이 때문에 귀족 출신 역사가들이 감정을 섞어서 소피스트를 나쁘게 묘사했으리라고 해석하기도 한다.

그리스 도시국가들을 비교하면 민주주의 원조 아테네는 말을 권하는 수다스러운 사회였다. 민주주의는 원래 시끄럽고 시간이 걸리고 번잡할 수밖에 없다고 이야기한다. 아테네가 그랬다. 아테네 사람들은 이런 풍토에서 화려한 수사학을 발전시켰다. 스파르타는 간결하게 요점만 전달하는 화법을 발전시켰다. 밀레투스에는 말이 설 자리가 없었다.

권력으로 겁주기는 고대 밀레투스만이 아니고 동서고금의 권력자들이 통치 방법으로 널리 애용했다. 한국 현대 정부를 보자. 김은정과 강태완 두 연구자는 〈역대 대통령의 연설문에 나타난 수사적 특징과 역할 규정〉이라는 논문을 통해 역대 대통령이 보여준 말하기 특징을 비교했다. 이 논문은 "엄단하겠다" "강력 대처하겠다" "용납하지 않겠다"와 같은 어휘를 '권력 행사를 시사하는 언어'라고 규정했다. 1980년 제11대 전두환 대통령 취임사가 대표적이다.

"정부는 대학에서 연구하고 공부하는 자유는 최대한 보장하겠습니다. 그러나 대학인들이 현실정치에 뛰어들거나 사회질서를 파괴하는 행위로 나올 때 이것은 안보적 차원에서도 결코 용납될 수 없다는 사실을 명백히 밝혀두고자 합니다."

대통령 연설을 분석한 결과, 박정희 대통령은 연설문에서 무려 49.6%를, 전두환 대통령은 34.0%를 권력 행사를 시사하는 언어로 채웠다. 대통령이 국민을 향해 공공연히 "엄단하겠다" "용납하지 않겠다" "강력 대처하겠다"라고 말한 의미는 분명했다. 국민과 함께 대화하고 토론하기보다는 권력을 내세워 이견을 잠도리하고 앞장서서 끌고 나가겠다는 뜻이었다.

권력 행사를 시사하는 언어 비율은 노태우 13.2%, 김영삼 6.4%, 김대중 3.9%, 노무현 대통령 0.9%로 줄어갔다. 대신에 "논의해주시기 바랍니다" "이해해주시기를 요청합니다"와 같이 토론을 제안하고 설득하는 언어 비율이 박정희-전두환-노태우-김영삼-김대중-노무현 대통령 순서로 늘어갔다. 민주화가 진행되는 데 따라서 정부가 국민에게 사용하는 언어가 바뀌고 있음을 알 수 있다.

대통령 같은 최고 권력자도 말을 함부로 하지 않는데, 일반 공직자가 시민을 상대로 또는 조직 구성원을 상대로 "엄단하겠다" "용납하지 않겠다" "좌시하지 않겠다"라고 할 수는 없다. 권력으로 겁주고 버럭 소리를 질러봐야 누가 따르지도 않는다. 이제는 말과 글로 설득하고 토론해야 하는 세상이다. 번다하고 시간이 걸리고 힘들어도 다른 방법은 없다. 말과 글로 동료와 업무 관계자, 시민들을 설득하고 공감을 이뤄내려면 인내심과 열린 감성이 필요하다. 설득력을 타고나면 좋겠지만 그런 사람은 드물다. 말하기와 글쓰기를 공부해 기량을 늘리시라고 공직자 여러분께 권하고 싶다.

정보 독점 대 공개

사회에서 말과 글로 사람을 움직이는 방법은 크게 두 가지다. 하나는 고급 정보를 최대한 움켜쥐고 있다가 필요할 때 조금씩 풀어 먹이는 방식이다. 사람들은 특히 인사와 같이 유용한 정보를 쥐고 있는 인물한테 가까이 다가가고 그 사람 말에 귀를 기울이는 경향이 있다. 또 한 가지는 사람들에게 정보를 최대한 공개하고 문제 해결 방법을 사람들과 함께 찾아나가는 방법이다. 전자는 권력을 활용해 사람들을 쥐었다 놓았다 하는 방식이다. 후자가 민주주의 원리에 더욱 어울린다. 사회 구성원한테 자부심을 높여주기 쉽고, 시간이 다소 걸리더라도 성과를 내는 데 효과적이다.

기업과 정부를 비교하면 기업보다는 정부가 정보를 활발하게 공개하는 편이다. 정부에 행정정보 공개 제도가 도입돼 있다. 기관에 따라 차이가 있지만 정부 전체로 볼 때 정보 공개 범위를 꾸준히 넓혀가고 있다.

정부 차원에서는 노무현 대통령 시절에 정보 공개 관념이 크게 발전했다. 나는 2003년 노무현 정부 첫해에 청와대 출입 기자였다. 당시 대통령이 탈권위주의를 외치면서 국민과 정부 사이의 정보 소통 관행을 바꿔나간 과정을 현장에서 지켜봤다.

노무현 정부 이전까지 청와대 출입 기자는 기사를 쓰느라고 바쁠 일이 별로 없었다. 대통령 기자회견 자체가 많지 않았다. 연초에 신년 기자회견 한 차례, 중간에 특별한 정국 쟁점이 생기면 특별 기자회견이 한 차례 정도 열렸다. 대변인 브리핑도 기사를 쓸 만한 알맹이가 적었다.

그런데도 언론사는 자기 조직에서 선두급으로 꼽는 기자를 청와대로 보냈다. 까닭이 있었다. 청와대 출입 기자는 청와대 고위 인사한테서 고급 정보를 취재해 소속 언론사로 보고하는 역할을 했다. 청와대는 이런 경로를 통해 정국 정보를 의도에 따라 흘렸고, 상당수 언론도 그런 관행을 나쁘게 받아들이지 않았다. 청와대 출입 기자는 때로 언론사 사업을 놓고 청와대 고위층과 내밀하게 소통했다. 청와대 고위 인사는 출입 기자를 상대로 저녁 식사 자리, 술자리와 주말 골프 자리를 자주 만들었다. 공개 브리핑과 다르게, 끈끈한 이야기도 주고받으려면 이런 자리가 어울렸다.

노무현 정부 들어 많은 것이 달라졌다. 대통령은 국민 참여를 활성화한다는 의미에서 정부 이름을 '참여정부'라고 지었고 토론 공화국을 만들겠다고 선언했다. 토론 공화국을 만들려면 토론 참여자인 국민한테 국정 정보를 적극적으로 제공해야 한다. 대통령부터 하고 싶은 말이 많았다. 청와대는 오전 오후 가릴 것 없이 하루에도 몇 차례씩 브리핑을 열고 국정 정보를 폭포수처럼 쏟아냈다. 기자들에게 청와대는 갑자기 중노동 출입처가 됐다. 노트북을 펼쳐놓고 브리핑을 받아 치고 기사로 정리해 송고하는 업무가 너무 많아서, 각 언론사는 원래 한 명이던 청와대 출입 기자를 두 명 또는 세 명으로 늘렸다(기자들 용어로 '1진' '2진' '3진'으로 부른다).

대통령 기자회견 관행도 바뀌었다. 그 이전까지 대통령 기자회견은 짜고 치는 고스톱과 같았다. 청와대 홍보수석실이 출입 기자 가운데 질문할 사람을 순서대로 선정했고, 질문 요지도 미리 파악해 답변자료를 만들었다. 대통령은 누가 무엇을 질문할지, 자신은 어떻게 답변할지 모범 답안을 들고 기자회견 연대에 섰다. 대통령과 기자들이 열띠게 묻고 답하는 광경을 텔레비전이 중계했는데 절반쯤은 눈속임이었다.

노무현 정부 청와대도 처음에는 과거 관행을 유지했다. 기자회견 도중 돌발 상황이 생길 염려가 없는 편리하고 안전한 방식을 청와대 참모들이 먼저 버릴 이유가 없었다.

기자회견 관행을 바꾸는 데는 '한겨레 출입 기자 박창식'이 한 몫했다. 2003년 어느 봄날이었다. 노무현 대통령이 오전에 청와대 기자실인 춘추관을 찾아서 서동구 전 〈경향신문〉 논설위원을 KBS 사장으로 임명한 것과 관련해 기자회견을 했다. 서동구 씨는 2002년 대통령 선거 때 언론특보로 노무현 후보 캠프에 참여했다. 선거 참모 이력이 있는 인물을 공영방송 사장에 임명한 것을 두고 거센 논란이 벌어지고 있었다.

그날 오후 기자들이 점심을 먹고 돌아왔는데 춘추관이 발칵 뒤집혔다. 대통령이 기자회견을 한 차례 더 하려고 춘추관으로 내려오고 있다고 해서였다. 대통령이 오전 기자회견 기사를 인터넷으로 검색해보다가 뜻이 충분히 전달되지 않았다고 생각한 모양이었다. 홍보수석실 참모들은 부랴부랴 다음 순서에 따라 질문할 기자들을 선정하고, 그날 두 번째 기자회견의 막을 열었다. 예정한 기자들이 모두 질문했고 대통령은 답변했다. 문답을 마치고 대통령이 마이크 앞을 떠나 퇴장하고 있었다. 그 순간, 질문 순서에 없던 내가 손을 번쩍 들고 "대통령님, 저도 질문 있습니다"라고 외쳤다(기자 용어로 '샤우팅shouting'이라고 부른다). 노무현 대통령은 정당 출입 기자 때 취재 인연이 있어 내 얼굴을 알고 있었으며, 평소 성격이 소탈해 형식에 얽매이지 않았다. 대통령은 마이크 앞으로 되돌아와서 "〈한겨레〉 박창식 기자, 질문이 뭔가요?"라고 응답했다. 나는 KBS 사장 인사 문제를 물었고, 대통령은 질문에 응답했다.

베를린 장벽이 무너진 순간과 같았다. 내가 순서도 아닌데 즉석에서 손을 들어 대통령한테 질문하고, 대통령이 질문을 받아주자 다른 기자들도 앞다퉈 "저도요" "저도요"라고 손을 들었다. 대통령은 그들의 질문도 모두 받아주었다. 그 사건을 계기로 청와대에서 대통령 기자회견을 할 때 질문자를 미리 짜는 관행이 무너졌다. 언론인으로서 대통령 기자회견 관행을 고치는 데 한몫했음에 자부심을 느낀다.

대통령 기자회견만 자유로워지지 않았다. 청와대는 기자실을 개방했다. 종합 일간지와 지상파 방송사, 주요 경제신문, 통신사 위주로 청와대 출입을 제한하던 것을, 숫자가 대폭 늘어난 인터넷 언론을 포함해 희망하는 언론 매체 대다수에게 청와대 출입을 허용했다. 출입 언론사가 늘어난 것에 맞춰 브리핑 제도를 개선했다. 청와대뿐만 아니라 다른 정부 부처도 기자실 개방 조처를 했다. 그밖에 행정정보 공개 제도도 더욱 적극적으로 운영했다.

나는 신문기자를 마친 뒤에 공무원도 해봤다. 정부기관이 정보 공개 요구를 받았을 때 처리 절차와 처리 과정의 고민 따위를 꽤 알게 됐다.

예를 들어 어떤 시민이 국민권익위원회 같은 곳에 정보 공개 민원을 내면, 민원 신청 내용이 해당 기관에 전달된다. 해당 기관은 정해진 기일 안에 반드시 답변해야 한다. 기업은 다르다. 비슷한 요구를 받아도 기업 편의에 따라 답변하지 않으면 그만이다. 기업과 비교하면 정부 쪽 정보 공개 체계가 훨씬 잘되어 있다.

공직자들은 정보 공개 답변서를 작성할 때 고민에 휩싸인다. 공개 내용 가운데 어떤 대목을 누가 꼬투리 잡아 새로운 문제를 제기하진 않을까를 걱정해서다. 아직 정책이 결정되지 않았거나 정책 정보를 공개했다가 다른 시민의 신상에 영향을 미칠지 모를 때는 공개 범위를 신중하게 조절할 필요가 있다. 기왕에 공개하기로 결정한 부분은 완결성을 갖춰 적극적으로 답변하면 좋을 것 같다. 공개한 문서를 통해 업무를 왜 그렇게 처리했는지 완전하게 이해할 수 있도록 하고, 의문 여지를 남기지 않는 것이 좋다. 정보를 폐쇄적으로 움켜쥐지 말고 적극적으로 공개하면, 시민이 정책에 참여하기 좋고 정책 추진 효과도 좋아질 것이다.

성공한 사람과 장광설

사람들은 성공해서 높은 지위에 오르면 말이 길어지는 경향이 있다. 그 옛날 학창 시절을 생각해보자. 교장 선생이 뙤약볕에 학생들을 세워놓고 장시간 훈화했다. 교장 선생은 한 가지라도 더 가르치고 일깨우겠다는 사명감이 벅차올라 짧게 말하기 어려웠으리라 짐작한다. 그분 생각일 따름이다. 내 경우 훈화 내용은 생각나지 않으며, 훈화를 듣느라 장시간 서 있느라고 힘들었던 기억만 지금도 강렬하게 남아 있다.

사람을 모아놓고 말을 하다 보면 말하는 분위기에 도취돼 말이 길어지기 쉽다. 이를 쓸데없이 장황하게 늘어놓는 말이라고 해서 '장광설'이라고 부른다. 청중 기분을 생각하며 말 길이를 조절하면 좋은데 이 일이 뜻밖에 어렵다.

말을 할수록 말에 도취되는 이유를 짐작하도록 해주는 연구가 있다. 원광대학교 복지보건학부 김종인 교수 연구팀이 1963년부터 2010년까지 48년간 언론에 난 3,215명의 부음 기사와 통계청 사망 통계를 바탕으로 국내 11개 직업군별 평균수명을 비교했다. 연구팀은 직업을 △종교인 △연예인 △정치인 △교수 △고위 공직자 △기업인 △예술인 △체육인 △작가 △언론인 △법조인 등 11개 그룹으로 분류했다. 분석한 결과 48년치 전체 직업별 평균수명은 종교인이 80세로 가장 길었고, 이어 정치인(75세), 교수 (74세), 기업인(73세), 법조인(72세), 고위 공직자(71세), 연예인·예술인(각 70세), 체육인·작가·언론인(각 67세) 순서로 살았다. 종교인과 정치인, 교수가 오래 살았고 언론인과 작가는 일찍 세상을 떴다. 그 이유로 김종인 교수 연구팀은 종교인이 절제하며 생활하고 정신을 잘 수양해서 오래 산다고 분석했다.

그 이유가 전부일까? 나는 생각이 다르다. 평균수명 상위권인 종교인과 정치인, 교수는 설교와 설법, 정치 연설, 강단 강의 등으로 사람들을 모아놓고 말을 많이 한다. 직업상 말을 하면서 스트레스를 날려버릴 기회가 많다. 반면에 작가나 언론인은 본인이 말을 많이 하기보다는 다른 사람 말을 듣고 취재해 기사나 작품으로 쏟아내야 한다. 후자가 훨씬 힘든 일임을 나는 기자를 해봐서 안다.

성공한 사람들이 말을 길게 하는 이유를 설명해보자. 사람들을 모아놓고 말하는 행위가 스트레스 해소에 도움이 되고, 누가 견제하지도 않으니 마이크를 잡았다 하면 시간 가는 줄 모르고 신바람 나지 않겠는가.

나는 신문기자를 하면서 성공한 사람들을 취재원으로 많이 만났고, 그들과 종종 점심이나 저녁 식사를 했다. 그들 대부분은 식사 시간을 독무대로 삼아 자기 성공담과 철학, 비전 따위를 열띠게 설파했다. 기자 시절에는 모처럼 만난 중요한 취재원이 많이 떠드는 것을 당연하게 생각했고, 상대방이 많이 떠들어야 그 속에서 정보를 건질 수 있어서 그것이 오히려 좋았다. 그러나 그 인물이 이끄는 조직 구성원들이 날이면 날마다 장광설을 듣는다면 결코 기자처럼 호감을 갖지는 않으리라고 생각한다.

아주 드물게 다른 유형을 만났다. 국회의원 중 한 사람이었다. 그는 대화 주제에 따라서 자기 생각을 가볍게 이야기하고는 "이 문제, 아무개 기자님은 어떻게 생각하세요?" "또 다른 분은요?"라며 참석자들이 고루 대화에 참여하도록 유도했다. 그 국회의원이 후일 행정부 고위직에도 진출했는데 업무 성과에 대해선 찬반 평가가 엇갈리지만, 공직자로서 업무 자세와 진정성은 대체로 의심받지 않았다.

나는 신문기자를 마치고 한 정부기관 기관장으로 일했는데, 이때 여러 사람을 모아놓고 마이크를 잡을 일이 좀 있었다. 매주 한 차례 23명이 참여하는 확대간부회의를 주재했다. 나는 기관장 초년병 때 이 회의를 일방적인 지시 자리가 아니라 구성원 상호간

소통 기회로 만들고 싶어서 한두 사람을 지명해 토론하도록 유도
해봤다가, 자발적으로 발언하려는 사람이 없기에 부질없는 시도
를 중단했다. 대신에 나는 '기관장 말씀'을 최대한 간결하게 하려
고 노력했다. 우리 기관 구성원들이 함께 알아야 할 내용을 간추
리고 표현 방식과 순서까지 미리 메모해 준비했다. 내 발언이 최
장 7~8분을 넘지 않도록 관리했다.

그렇게 의식적으로 노력했는데도 나 역시 말이 길어졌다. 이
글 꼭지 첫머리에 소개한 학교 교장 선생처럼 우리 기관 구성원
들에게 한 가지라도 더 일깨우고 싶다는 사명감이 내 영혼 깊은
곳에서 무럭무럭 솟구쳐 올라옴을 느끼곤 했다.

지인 한 사람은 직원이 200명쯤인 공공기관 기관장으로 4년간
일했다. 그에게 물어봤더니 한 달에 한 차례 전체 직원 월례회를
했는데 전날까지 '기관장 발언' 원고를 대개 10분짜리로 미리 작
성했고 현장에서는 준비한 원고만 읽었다고 했다. 즉석에서 첨가
하는 애드리브 요소를 극력 억제했다는 이야기였다. 새겨들을 만
했다.

장시간 자세하게 말할 때 청중이 그 내용을 모두 소화하리라
고 기대하지 마시라. 다른 사람 말에 장시간 주의력을 집중해 들
으려면 힘이 든다. 간결하게 절제해 말할 때 전달 효과가 오히려
높아진다. 짧은 연설이 세계사에 길이 남을 명연설이 된 사례가
있다. 링컨 대통령이 한 역사적인 게티스버그 연설, 즉 "국민의,

일 잘하는 공무원은 문장부터 다릅니다

국민에 의한, 국민을 위한 정부는 결코 사라지지 않을 것입니다"라고 했던 연설은 불과 266개 단어로 이루어진 2분짜리였다. 이 자리에 당대 최고 웅변가 에드워드 에버렛(Edward Everett)도 참석해 두 시간 가까이 연설을 했는데 그 연설을 기억하는 사람은 아무도 없다. 카이사르가 로마를 향해 진군할 때 했다는 "주사위는 던져졌다"라는 연설은 단 한 문장에 불과했다.

링컨과 카이사르가 연설은 짧게 했어도, 연설을 준비한 시간은 결코 짧지 않았으리라. 링컨과 카이사르는 메시지를 만들기 위해 긴 밤을 새우고도 남았을 것이라고 짐작해본다.

지위가 높은 사람만 장광설을 하는 것이 아니다. 공무원이 관청에 드나드는 민간 업자를 '가르친다고' 말을 길게 하는 '말 갑질'도 있다. 말이 길면 효과가 별로 없다. 민주주의는 주고받기다. 긴 이야기를 일방적으로 듣고만 있는 고역을 강요한다면 민주주의라 할 수 없다. 말이 길면 민주적인 소통 원리에 어긋날 수 있다.

명료하고 쉽게 말하기

교육, 근로, 납세, 병역을 헌법상 '국민 4대 의무'라고 부른다. 공직자는 국민에게 직무에 관해 설명할 의무를 덧붙여 5대 의무를 짊어진다고 말하기도 한다. 공직자는 주권자인 국민한테 위임받아 공무를 수행하는 만큼 그 과정과 내용을 주권자가 알아듣도록 잘 설명해야 한다. 이를 위해 공직자의 말하기와 글쓰기는 명료하고 쉬워야 한다. 공직자뿐이겠는가. 기업인이든 학자든, 시민단체 활동가든 마찬가지다.

미국 제34대 대통령 아이젠하워는 군인 출신으로 제2차 세계대전 당시 유럽연합군 최고사령관을 지냈으며 대통령 재임 중 개혁적이며 중도적인 경제사회 정책을 펼쳐 국민들 사이에서 인기가 높았다. 다만 말하기에 관한 한 군인 출신답게 명료하게 말하지 못하고 중언부언했던 모양이다. 올리버 젠슨이라는 미국의 유머 작가가 만약 아이젠하워 대통령이 링컨 대통령이 한 게티스버그 연설을 한다면 어떻게 될지 풍자했다(강미은, 《성공하는 리더를 위한 매력적인 말하기》에서 재인용).

링컨 대통령의 게티스버그 연설을 먼저 인용한다.

"80하고도 7년 전 우리 선조들은 이 대륙 위에 새로운 국가를 탄생시켰습니다. 이 국가는 자유에 의해서 잉태되고, 모든 사람은 평등하다는 절대 명제를 그 존재 이유로 삼았습니다."

올리버 젠슨은 아이젠하워의 말버릇을 적용해 다음과 같이 연설을 각색했다.

"자세히 검토해보지는 않았지만 아마 87년 전쯤 되는 것 같아요. 내 생각에는 수많은 개인들이 모여서 여기 이 나라에다 정부라는 형태를 조직했을 겁니다. 그 나라는 동부 지역 여기저기에 걸쳐 있었고 그들이 추구한 이상이란 아마 이런 것이었던 것으로 생각됩니다. 국가적 독립은 중요한 것이고, 각 개인은 다른 개인만큼 존엄하다, 뭐 그런 것이죠."

무슨 말을 해야 할지 잘 모르고, 추측을 남발하고 이 말 저 말 갖다 붙이고…. 오죽했으면 이런 풍자가 나왔을까 싶다.

정반대 사례가 있다. 김영삼 대통령은 명료한 직설 화법으로 명언을 남겼다. 그중 하나가 "순교의 언덕, 절두산을 바라보는 이 국회의사당에서 나의 목을 자른 공화당 정권의 폭거는 저 절두산이 준 역사의 의미를 부여할 것이다. 닭의 모가지를 비틀어도 새벽은 온다"이다. 야당 투사 시절인 1979년, 박정희 정권이 국회의원직을 박탈했을 때 반격을 취하며 토해낸 말이었다. 그중 뒷문장 "닭의 모가지를 비틀어도 새벽은 온다"는 "대도무문(大道無門, 올바른 길로 가면 거칠 것이 없다)"과 함께 김영삼 어록 첫 페이지를 장식하는 말로 남았다.

그는 대통령 재임 중인 1994년엔 이런 말도 했다.

"개는 국민의 생명과 재산을 지켜 사랑을 받지만, 또 한편으로는 달리는 기차를 보고도 짖는다. 그러나 개가 짖는다고 뒤를 돌아볼 여유가 없다."

취임 첫해에 김 대통령은 하나회 해체를 비롯해 군부 정권 잔재 척결에 앞장섰다. 얼마쯤 지나니까 일방적인 몰아붙이기 개혁이라고 비판하는 목소리가 슬금슬금 고개를 들었다. 여기에 김 대통령은 "개가 짖는다고 뒤를 돌아볼 여유가 없다"라고 일갈했다. 표현이 강렬하며 명료하고 쉽다. 그 무렵 여론을 힘 있게 움직였을 듯하다. 다만 최근 들어 반려동물을 키우는 반려인이

1,000만 명을 넘었고 사람과 개의 관계가 많이 달라졌음을 고려하면, 김영삼 대통령이 요즘에도 "개가 짖는다고"라는 표현을 거침없이 쓸 것 같진 않다.

1993년에는 "토지와 건물 등 부동산을 갖고 있는 것이 고통이 되도록 하겠다"라는 말도 했다. 2003년 최병렬 한나라당 대표를 방문해 단식 중단을 종용하면서는 "나도 23일간 단식해봤지만, 굶으면 죽는 것은 확실하다"라고 말했다. "굶으면 죽는다"라는 표현이 다소 원색적이지만 말이 명료하고 쉽다.

말하기와 글쓰기를 명료하게 하려면 몇 가지 전제가 필요하다. 첫째, 문제의 본질을 명확하게 꿰고 있어야 한다. 문제를 잘 모르는 사람이 뭔가를 설명하려면, 말과 글이 배배 꼬이고 어려워진다. 불확실한 추측도 하게 된다. 둘째, 말하고 글 쓰는 목적이 명확해야 한다. 무엇을 주장해야 할지 자신이 없고, 이 눈치 저 눈치 살펴야 할 때 말과 글은 모호해질 수밖에 없다. 셋째, 너무 많은 내용을 한꺼번에 전달하려는 욕심을 버려야 한다. 말과 글에 이것저것 잔뜩 담으려는 순간, 상대방은 어느 것 하나도 제대로 이해하지 못하게 된다.

공직자가 시민을 상대로 직무상 말을 하거나 글을 쓸 때도 마찬가지다. 문제의 본질은 무엇이며 공공기관은 어떻게 할 것인가라는 방침을 명확하게 먼저 정리해야 한다. 다음 단계로 말하고 글을 쓰는 목적을 결정해야 한다. 예를 들면 시민 요청을 받아들일 것인가? 받아들이지 않을 것인가? 방침을 먼저 결정해야 한다. 시민 요청을 받아들이기로 결정했다면 결정 내용과 진행 일정을 안내해야 한다. 시민 요청을 받아들이기 어려운 경우라면 어렵다는 방침을 밝히고 이유를 설명해야 한다. 현재 상황에서 가부간 결정할 수 없을 경우에는 사정을 있는 그대로 설명하고 공론에 참여해달라고 시민에게 요청할 수도 있다.

다음 단계로는 너무 많은 내용을 한꺼번에 설명하려는 욕심을 버려야 한다. 공공기관이 잘했다는 칭찬까지 받으려고 욕심 부릴 필요는 없다. 시민이 정확히 이해하도록 도왔으면 그것으로 충분하다.

조언을 한 가지 드리겠다. 글을 쓰거나 말을 할 때 무슨 이야기를 할지를 미리 한 문장으로 정리해보는 것이다. 그것을 다시 하나의 구절 또는 하나의 단어로 압축해보는 것이다. 그렇게 한 다음에 그 주제와 관계없는 상념들은 불필요한 군더더기로 간주하고 머릿속에서 지워버리시라. 아울러 그 한 문장을 살리는 데 필요한 배경지식, 논리적 근거, 수사적 표현들을 영혼을 다해 끌어모아보시라. 그렇게 함으로써 말과 글이 엉뚱한 곁가지로 빠지지 않고 의도한 방향 외길로 탄탄하게 흘러가도록 할 수 있다.

나는 지인과 식사를 하러 갈 때 상대방에게 듣고 싶은 이야기, 또는 내가 해주면 상대방한테 도움이 될 이야기 딱 한 가지를 미리 생각해두려고 노력한다. 그렇게 하면 객쩍은 이야기나 늘어놓다가 돌아선다는 허무함을 덜 느끼게 된다. 글을 쓸 때도 마찬가지다. 가장 중요한 한 가지. 그것을 명심하자. 지금 이 꼭지도 '명료하고 쉽게 말하기'라는 제목을 먼저 정하고 나서, 제목을 뒷받침하는 사례와 논거를 끌어모아나갔다.

말에서 권력구조 깨기

저명한 스피치 강사 김미경 씨가 《김미경의 아트 스피치》라는 책에서 흥미로운 경험담을 소개했다. 안면이 있는 장관과 그 아래 5급 공무원과 함께 식사할 일이 있었다. 김미경 씨는 5급 공무원이 너무 말이 없어서 숨도 안 쉬는 줄 알았다고 했다. 그가 밥 먹는 내내 한 말이라고는 "아!" "네에…" "어유" 같은 추임새뿐이었다.

"자네도 말 좀 하지 그래?"

그는 장관이 멍석을 깔아줄 때만 몇 마디 할 뿐 곧 추임새 모드로 돌아갔다.

"여긴 누룽지 안 주나?"

장관이 식사를 마칠 무렵 이렇게 말했다. 그러자 5급 공무원은 벌떡 일어나 나갔다가 식당 아줌마와 함께 누룽지를 들고 돌아왔다. 김미경 씨는 그 장면을 보면서 권력을 실감했다고 했다. 사람들이 권력 앞에서는 밥도 제대로 못 먹고 숨도 제대로 못 쉬며 말도 제대로 못 한다고 했다. 한국 남자들은 평생 그렇게 살아간다고 딱하다고 했다.

김미경 씨의 문제 제기를 이해하며 공감한다. 나는 신문기자를 할 때 장관보다 더 높은 공직자와도 식사했다. 내 관찰기를 전하겠다. 그 고위 공직자가 식탁 맞은편에 앉고 양옆으로 다른 간부급 공무원 네 사람이 앉았다. 우리 쪽에는 언론인들이 앉았다. 2시간여 점심을 함께 먹으면서 경제, 교육, 문화, 노동, 국제 등 여러 주제를 이야기했는데 상대편에선 가운데 앉은 오직 한 분만 말을 했다. 김미경 씨 사례에 등장한 5급 공무원은 수행비서일 가능성이 있고 비서는 말이 없어야 한다는 규율을 따랐을 수도 있다. 내가 소개하는 상황에서 참석자들은 5급보다 훨씬 높은 고위 공무원들이었다. 그런데도 이들은 점심 내내 오로지 먹는 데만 입을 사용했다.

우리 사회는 오랫동안 말에 권력구조가 깃들어 있었다. 과거 봉건적 풍토에 젖은 가정에서 말은 아버지가 했고, 어머니와 자식은 들어야 했다. 사회 여러 조직에서도 마찬가지였다. 조직 안에서 권력서열 상위자는 말하고 밑의 사람은 입 다물고 듣는 문화가 우리 사회를 지배했다.

외국은 어떨까? 미국 방송 NBC가 제작한 〈웨스트 윙〉이라는 드라마가 있다. 드라마는 가상 인물인 바틀렛 미국 대통령 집권 기간에 백악관 대통령 집무실인 오벌 오피스와 참모들 사무실이 있는 웨스트 윙(서쪽 별관)에서 일어나는 일들을 다룬다. 드라마는 2000~2003년 4년 연속 에미상 최우수 TV 드라마 시리즈 상을 받았고 주연급 배우들이 차례로 에미상 TV 부문 주연상 및 조연상을 받아 유명해졌다.

드라마에서 대통령은 수시로 참모들 사무실로 건너가서 비서실장이나 공보수석 책상에 걸터앉는다. 참모들은 자연스럽게 대통령 주변에 둘러서거나 앉아서 즉석 토의를 벌인다. 회의를 주재하는 사람이 따로 없고 위계서열에 따라 발언권을 지정하지도 않는다. 여러 사람이 다양한 의견을 자유롭게 주장하는 점이 눈에 띄었다. 비록 드라마이지만 미국 백악관에서는 사람들이 말을 할 때 권력구조에 얽매이지 않고 있었다.

우리나라에서도 어떤 대통령이 청와대 본관 집무실 말고 비서들이 근무하는 사무동 건물에 작은 집무실을 하나 더 설치했다. 청와대 참모들도 본관에 있는 대통령 집무실로 대통령을 면담하러 가려면 경호실과 부속실을 비롯해 까다로운 절차를 거쳐야 한다. 청와대 수석비서관쯤 되어도 예정에 없이 대통령을 면담하기 어렵다. 반면에 대통령이 사무동 집무실에 와서 앉아 있으면 아래층이나 옆방에 있던 참모들이 쉽게 방문을 두드릴 수 있게 된다. 공간을 재배치하면 자유스럽게 토의하는 분위기를 만들기 쉬워진다.

대통령 임기 초반에 특정한 정부 고위직 인선을 둘러싸고 언론과 시민사회가 일제히 비판하고 나섰다. 대통령이 직접 챙긴 인선이라서 참모 가운데 누구도 "아니 됩니다"라고 말하지 못했다. 마침 그 무렵 대통령이 비서 사무동 집무실에 와 있었다. 참모들 몇 사람이 단체로 대통령 집무실 문을 두드렸고 드라마 〈웨스트 윙〉처럼 즉석 자유토론을 벌인 끝에, 대통령이 생각을 바꿨다고 한다.

말에서 권력구조가 유지될 때 집단사고(group think)를 하기도 쉽다. 집단사고는 동질적 집단 안에서 토의하면 편향된 정보만 검토해 그릇된 결정을 하기 쉽다는 개념으로 미국 정치학자 어빙 재니스(Irving Janis)가 처음 썼다. 그는 케네디 정부 외교정책을 분석하면서 어리석은 집단사고 때문에 정책이 실패했다고 주장했다.

1960년대 초 쿠바에 카스트로 공산혁명 정부가 들어서자 미국은 이 정부를 전복하려 했다. 미 해군과 공군, 중앙정보국(CIA)은 카스트로 정권에서 망명한 사람들을 훈련시켜 쿠바에 침투시킬

계획을 세웠다. 케네디 대통령은 러스크 국무장관, CIA 국장, 합참의장 등 외교 군사 전문가들과 국가안보회의를 했다. 회의를 통해 미군 수송기로 반정부 쿠바 군인들을 피그스만(Bay of Pigs)에 침투시키기로 결정했다.

회의에서 군사 전문가들은 잘 훈련된 반정부 군인들이 침투하면 카스트로 혁명군은 당황해 혼란을 겪다가 다수가 투항하리라고 예상했다. 미국은 배후 지원을 하지 않았다고 발뺌하면 된다고 했다.

계획은 실패했다. 침투 병력은 작전 한 번 제대로 못 펴보고 비참하게 사살되거나 생포됐다. 미국이 배후 지원한 사실도 드러나 케네디 행정부 이미지가 크게 실추됐다.

1년 뒤 쿠바에 핵미사일 기지가 구축되고 있다는 보고를 받고 케네디 대통령은 다시 국가안보회의를 소집했다. 강경파들은 즉각 쿠바를 공습하자고 주장했다. 케네디는 피그스만 사건 당시 잘못된 결정을 한 전례를 되풀이하고 싶지 않았다. 케네디 대통령은 동생 로버트 케네디 법무장관에게 회의에서 '악마의 대변인(devil's advocate)'을 해달라고 요구했다. 악마의 대변인은 문제점만을 일부러 들춰내는 역할을 뜻한다. 로버트 케네디는 적극적으로 문제점을 지적했고 회의 참석자들은 공습이 아닌 온건한 해안 봉쇄를 선택했으며, 정책은 성공했다.

리더 혼자만 말하거나 리더를 좇는 충성파 몇 사람만 말한다면 어떻게 되겠는가. 다양한 정보와 대안, 수단, 사용할 수 있는 자원 목록을 검토해 합리적인 정책 결정을 하기 어렵다. 말에 권력구조가 존재하면 잘못된 의사결정을 하기 쉽다.

말에 권력구조가 존재하면 리더십이 흔들릴 수 있다. 리더 혼자서 힘 있게 말하고 누구도 저항하지 않으니 겉보기에 조직을 잘 장악한다고 여길지 모르겠다. 천만의 말씀이다. 홀로 수직 위계 구조에 머물면 위험하다. 조직 구성원 모두가 아는 일을 리더 혼자만 모르고 지낼 수도 있다. 재미없는 사람으로 찍혀서 외톨이가 되기도 쉽다.

어떤 사람은 좌중에 침묵이 흘러 어색해지는 것을 막기 위해 자기가 재미있는(?) 이야기를 많이 해야 한다고 주장하기도 한다. 그 사람 혼자 생각일 뿐이다. 설령 화제가 끊겨 잠시 어색해지더라도 그 책임은 좌중 모두의 것이니 혼자 걱정하지 마시라.

일방적으로 강연을 하겠다고 하면 유능한 리더가 되기 어렵다. 리더는 대화를 주재하고 촉진하는 존재가 돼야 한다. 영어 '프리자이드(preside)'는 '의장을 맡다/주재하다'라는 뜻이다. 여기서 '대표/의장/대통령'이라는 뜻을 가진 '프레지던트(president)'가 파생했다.

리더 위치에 있을수록 1/N 법칙을 지키시라. 다섯 사람이 모였으면 각자가 5분의 1씩 발언 시간을 나눠 쓴다고 생각하면 쉽다. 대화에서 소외되는 사람에게는 "아무개 씨는 어떻게 생각해요?"라고 말을 붙여서 무대 복판으로 끌어내면 좋다.

　　과거 봉건시대에는 리더가 권력의 정점에 서서 혼자 말하고 아랫사람은 수직 위계 구조에서 주로 듣는 존재에 머물렀다. 이제는 새로운 말하기 문화와 리더십이 필요하다. 수평적 대화를 하면 오류가 줄어드는 장점이 있다. 대화가 생산적이며 즐거움도 더해준다. 리더를 중심으로 수평적인 부채꼴 모양의 대화를 진행하도록 노력하면 좋겠다.

'글쓰기 후진국'의 공직자들

신문기자로 일하고 대학원에서 소통을 전공하고 보니 사람들이 말하기와 글쓰기를 어떻게 하는지를 자연스레 관찰하게 됐다. 그 결과, 한 가지를 알아냈다. 우리 사회의 성인들이 말은 그럭저럭한다고 칠 수 있겠으나, 글을 쓰라고 하면 한결같이 힘들어한다는 점이다. 한국 사회 성인의 글쓰기 수준은 다른 나라와 비교해도 한참 떨어지지 않을까 생각해본다.

몇 해 전 시사 주간지 〈주간조선〉은 「글쓰기 후진국 대한민국」이라는 제목으로 기획 기사를 실었다. 이 기사를 보면 국내 교육에서 우수한 점수를 받은 학생이 미국에 유학을 가서 에세이 쓰기 때문에 좌절감을 많이 겪는다. 미국 캘리포니아주립대학교 영문학부에서 미국 학생들에게 글쓰기를 가르치는 조제희 교수는 "한국 유학생 절반이 중도 탈락하는데 그 원인이 에세이 때문이다. 내로라하는 명문대 출신이나 교수도 미국에 오면 에세이 때문에 쩔쩔맨다"라며 "단순히 영어 실력이 부족해서가 아니라 글쓰기를 제대로 배워본 적이 없어서"라고 말했다. 조 교수 설명에 따르면 미국 교육은 글쓰기를 기반으로 한다. 초등학교부터 중학교, 고등학교, 대학교에 이르기까지 모든 과목이 읽고 토론하고 쓰는 과정을 거친다. 광고문, 감상문, 기사문 등 다양한 장르별로 매뉴얼을 두고 글쓰기를 가르치고 있다. 읽기와 쓰기, 듣기와 말하기를 특정 교과목 소관으로 보지 않고, 과목 구분 없이 지식을 생성하고 소통하는 도구로 여기고 있다.

한국 글쓰기 교육은 어떤가? 요즘은 교과 과정을 개편해 초등학교에서도 과목과 무관하게 발표와 글쓰기 능력을 적극적으로 기르도록 하고 있다. 예를 들면 수학 과목에서도 답만 계산해내지 말고 풀이 과정을 말이나 글로 서술하도록 요구한다. 지금 성인들 학창 시절은 달랐다. 글쓰기는 국어 과목 영역으로 한정됐다. 국어 교과 교육을 받으면서 한국인들은 대부분 '글쓰기＝작문＝소설이나 수필'로 인식하게 됐다. 보고서나 제안서, 광고문 등 실용적 글쓰기 영역을 배우지 않고 작가적 글쓰기, 창의적 글쓰기 위주로 교육받은 결과였다. 문학 작가처럼 글을 잘 쓰면 당연히 좋다. 하지만 일상생활 실용문도 쓰지 못하는 사람에게 작가적 글쓰기를 가르치면 어떻게 될까? 걸음마를 겨우 익힌 사람더러 하늘을 날아보라고 하는 격 아닌가.

이오덕 선생은 평생 농촌 초등학교 교사로 근무하면서 어린이 글쓰기 교육 전문가로 활동했다. 이 선생이 지은 《글쓰기 어떻게 가르칠까》를 보면, 우리 학교에서는 관찰한 그대로, 느낀 그대로, 겪은 그대로 묘사하도록 글쓰기를 가르쳐야 하는데 그렇지 않고 뭔가를 멋지게 꾸며내라고 잘못 가르쳤다. '글짓기' '작문'이라는 과목 이름부터가 지어내고 꾸며낸다는 어감을 품고 있다. 있는 그대로 묘사하기도 쉽지 않은데 꾸며내어 잘 보여야 한다니 얼마나 힘들겠는가. 사실을 말하기보다 거짓을 말하기가 훨씬 힘들다. 어릴 때 그렇게 교육받았으니 사람들은 글쓰기를 회피했고 글쓰기가 점점 더 힘들어졌다.

공직사회나 기업에는 자질이 우수한 사람이 많다. 채용시험 경쟁률부터 엄청나게 높다. 그런데 많은 사람이 다른 일은 잘하다가도 문장을 갖춰서 글을 써보라고 하면 쩔쩔맨다. 이들이 쓴 문서를 보면 주어와 술어가 어긋나는 문장, 즉 비문이나 부정확한 어휘가 숱하다.

공직사회에서는 내부용으로 개조식 보고서를 많이 사용한다. 나는 그것도 글쓰기가 약해진 이유 가운데 하나라고 생각한다.

국어사전에서는 개조식을 "글을 쓸 때에 글 앞에 번호를 붙여가며 중요한 요점이나 단어를 짧게 나열하는 방식"이라고 정의한다. 대부분의 개조식 문서는 네모와 동그라미 도형을 활용한다. 네모 도형 다음에 몇 개의 어휘를 적고, 네모에 해당하는 내용을 더 상세히 설명할 필요가 있으면 줄을 바꿔서 동그라미 도형을 붙인 다음에 한두 줄씩을 덧붙이는 방식을 쓴다. 또한 주어와 '~다'라는 우리말 술어를 생략하고 명사만을 나열한 뒤 '~음' '~임' '~함'으로 끝맺는다.

개조식 보고서는 내용을 극단적으로 축약한다. 상급자가 보고서를 빨리 처리하도록, 시간을 절약해주는 장점이 있다. 반면에 개조식 문장은 대부분 주어가 생략되고 혹시 주어가 있어도 술어와 호응하지 않는 경우가 많고, 문장 속에서 어휘 간 인과관계도 분명하지 않다. 예를 들어 경제부처 문서에 "○○년 경제성장률은 △△%로 전망"이라는 표현이 등장한다고 치자. 주어가 없으니 누가 경제성장률을 전망했는지 모호하고 책임 소재도 분명치 않다.

개조식 보고서가 정부 문서에 언제부터 등장했는지는 분명하지 않다. 소준섭 국제관계학 박사는 일본 메이지 시대에 "권위가 요구되는" 법령 문장이나 교과서 등에서 이른바 '문어(文語)'가 사용된 것을 기원으로 봤다. 이를테면 "천황은 육해군을 통수함(「대일본제국헌법」 제11조)"과 같은 문장을 과거 일본이 사용했다. 그런데 일본에서도 1945년 패전 이후 법률과 공문서에서 개조식 문장 사용법이 완전히 사라졌다고 한다(「'-함', '-음'의 개조식 문장, 천황 시대의 권위주의 잔재」, 〈오마이뉴스〉, 2017년 7월 20일자).

미국계 기업에서 임원으로 근무한 사람에게 들어보면 외국 기업도 간결한 축약 문서를 선호한다. 그러나 주어와 술어를 생략한 개조식 보고서는 영어에서 존재할 수 없다. 가령 한국어 개조식 문서에서는 '목표 설정'이라고 적고 '우리는 목표를 설정했다'는 과거형 시제 의미로 혹시 읽을지 몰라도, 영어로 'set the goal'이라고 적으면 '목표를 설정하라'는 명령형 문장이 되기 때문이다.

우리나라 공직사회 글쓰기 문화에는 문제가 하나 더 있다. 하위직 담당자가 보고서를 작성하고 상위자들은 빨간 펜을 들고 고치기만 하는 경우가 많다는 점이다. 상급자가 방향을 제시하고 의견을 보탠다 해도, 하위직 담당자가 쓴 보고서를 갖고 가필하다 보면 보고서 초안이 설정한 테두리 안에서 맴돌기 쉽다. 상상력과 통찰력을 폭넓게 발휘하기 어렵고, 좋은 보고서가 나오기 힘들다.

외국 가운데 미군 사례를 알아봤다. 장교들은 하급자가 작성한 보고서에만 의존하지 않고 자기 이름으로 직접 글을 쓰는 경우가 많다고 한다. 나는 얼마 전 《어떻게 이길 것인가》(1997년 개정판)라는 미군 해병대 교범을 흥미롭게 읽었는데, 이 책은 미 해병대 사령관이 휘하 장교 한 사람을 데리고 토의하면서 직접 집필했다. 이 교범은 전쟁의 본질은 불확실성이라고 규정한다. 불확실한 전쟁터에서 '어떻게 행동할 것인가?'라고 전투원의 행동 매뉴얼을 세세히 규정해봤자 쓸모가 없고, 대신에 전투원이 자율과 창의를 발휘해 전쟁터에 적응하도록 '어떻게 생각할 것인가?', 즉 생각하는 힘을 키워줘야 한다고 이 책은 주장했다. 아이디어가 멋지다. 하급 장교가 초안을 작성하고 상급자는 빨간 펜을 들고 고치는 작업 방식으로는 이렇게 수준 높은 아이디어를 일궈내기 어렵지 않겠는가.

공직자에게는 기관 활동을 시민에게 알리고 이해를 구하는 활동이 매우 중요하다. 조직 내부에서 공직자끼리 보고하고 소통하는 활동도 결국은 시민에게 다가가기 위한 준비 단계일 따름이다. 기관 활동을 시민에게 알리려면 글을 잘 써야 한다. 조직 내부에서는 개조식 보고서를 사용하더라도 시민에게 개조식 문장으로 쓰인 공문을 내놓을 수는 없다. 많은 공직자가 "글쓰기가 힘들어요"라고 호소한다. 교육을 잘못 받아온 탓이 크다. 이제부터라도 글공부를 하시라고 권하고 싶다.

시민적 예의를 갖춘 말하기

어떻게 말해야 말을 잘하는 것일까? 이런 질문을 받을 때 우리는 정답 아닌 정답(?)을 갖고 있다. 바른 말 고운 말을 써야 한다고. 바른 말 고운 말이 말글 규범에 정답은 아닌데도 마치 정답처럼 된 데는 KBS 〈바른 말 고운 말〉 프로그램 영향이 크지 않았을까 싶다.

KBS 1TV는 1978년 11월에 시작해 2015년 방송을 종료하기까지 37년간 〈바른 말 고운 말〉을 편성했다. 초창기에 프로그램의 위세는 대단했다. 1978년 11월부터 1980년 4월까지 황금 시간대인 9시 뉴스 직전 오후 8시 50분부터 10분씩 거의 매일 〈바른 말 고운 말〉을 내보냈다. 정부 차원에서 국민 언어생활을 순화하겠다고 강력하게 밀어붙인 결과였다.

1976년 박정희 대통령은 국무회의에서 거리 간판과 방송 언어, 운동 경기 중계와 과자 봉지에 적힌 음·식료품 명칭에 외국어를 너무 많이 쓴다고 강력하게 지적했다. 이에 대통령령으로 민관 합동 국어순화운동협의회가 발족했다. 문교부 국어심의회에도 국어순화분과가 신설됐다. 방송사 사장 한 사람이 정부 방향에 맞춘다고 연예인 방송 출연 내규를 바꿨다. 외국어로 이름을 지었던 연예인들은 우리말로 예명을 새로 지어야 방송에 출연할 수 있게 됐다. 박정희 대통령 집권 말년에 〈마음 약해서〉라는 노래로 큰 인기를 누렸던 '와일드 캣츠'는 '들고양이들'이 됐고 '옥슨80'이라는 그룹은 '황소80'이라고 이름을 바꿨다.

운동 경기에서 사용하던 외국어 용어도 우리말로 바꿔 중계했다. 헤딩은 머리받기, 헤딩슛은 머리쏘기, 골키퍼는 문지기, 오버헤드킥은 거꾸로차기, 프리킥은 자유차기, 코너킥은 구석차기로 바꿨다. 제5공화국 정부는 한 걸음 더 나아갔다. 1980년 말에 정부는 그때까지 추진해온 국어순화운동이 형식적이었다고 진단하고 문교부 국어순화운동협의회 기능을 더욱 강화하겠다고 발표했다. 과자류, 빙과류, 화장품류, 의류 등 상품 이름과 간판 이름에 외래어나 저속한 낱말을 쓰지 못하도록 규제했다. 정부는 각급 학교 현장교육, 군부대 정신교육, 예비군과 민방위대 교양교육, 각 동네 반상회에서 바르고 고운 표준어를 사용하도록 계몽운동을 전개했다. 대략 1980년대 말까지 정부가 주도하는 국어순화운동이 강력하게 펼쳐졌다.

KBS 1TV는 〈바른 말 고운 말〉의 방송 시간을 평일 9시 뉴스 직전에서 오후 5시 전후 시간대로 바꿨다가 2005년부터 평일 낮 12시 전후 시간대로 다시 옮겼다. 이어 방송 비중을 점점 낮추던 끝에 방영 37년 만인 2015년 프로그램 편성을 끝냈다. KBS 라디오에서는 1999년부터 2021년 현재까지 아침 시간마다 하루 2분씩 라디오판 〈바른 말 고운 말〉을 편성해 방송 중이다. 요즘의 KBS 〈바른 말 고운 말〉은 과거처럼 강력하게 정부 차원에서 국어순화운동 의지를 관철하려는 프로그램은 아니다. 방송사 스스로 방향과 수위를 판단해 운영한다. 내용을 보면 문법에 맞도록 말해야 하며, 일본어 잔재를 걷어내고 외국어를 과도하게 쓰지 말아야 하며, 호칭을 정확하게 사용하자는 정도를 다루고 있다. 나는 요즘 KBS 〈바른 말 고운 말〉이 제안하는 언어생활의 필요성을 이해하고 찬성한다. KBS 〈바른 말 고운 말〉이 우리 말글 규범에 정답이라고 생각해서는 아니지만 말이다.

한번 생각해보자. '바른 말 고운 말' 정신도 좋지만, 시민 정신과 인권 의식이 향상되고 배려와 존중, 공동체 가치가 더욱 소중해지는 시대 변화를 반영해 말글 규범을 더욱 수준 높게 개발한다면 좋지 않겠는가. 국어 시민운동가인 이건범 한글문화연대 대표가 몇 해 전 《언어는 인권이다》라는 책을 펴냈다. 이 책을 통해 그는 '시민적 예의 갖추기'와 '쉬운 공공언어 사용하기'라는 두 가지 언어생활 과제를 제안했다. 말하기와 글쓰기에서 시민적 예의를 갖추는 구체적인 방법으로는 처지를 바꿔 생각하고 말하는 버릇, 경청하는 버릇, 차별하지 않는 말버릇, 대화를 독점하지 않고 공평하게 발언하는 버릇, 비아냥거리지 않고 핵심을 정확하게 표현하는 능력, 비판에 귀 기울이는 태도, 잘못과 실수를 진심으로 인정하고 반성하는 능력이 중요하다고 열거했다. 나는 '바른 말 고운 말'도 좋지만, 이건범 대표의 제안이 '바른 말 고운 말' 수준을 뛰어넘어 우리 언어생활을 더욱 풍부하게 발전시키는 계기가 되리라고 기대한다.

말하기와 글쓰기는 소통하기 위해서 한다. 소통하는 목적은 우리가 몸담은 집단과 사회가 더 나은 방향으로 나아가도록 하기 위해서다. 아울러 그 집단과 사회 속에서 우리 자신이 소중한 존재로 존중받고 더욱 행복해지기 위해서다. 남을 무시하거나 상처를 주고 차별하는 막말, 남의 뒤통수를 때리는 뒷공론을 마구 토해낸다면 소통이 제대로 되겠는가. 세상을 개선하고 우리 자신이 더욱 존중받으려면 다음과 같이 시민적 예의를 갖춰 말하고 글을 써야 한다고 나는 생각한다. 이건범 대표 제안을 토대로 삼고 내 생각을 보태본다.

첫째, 뒷담화를 하지 말고 공론 무대에서 적극적으로 의사를 표현하자. 봉건시대 우리 조상들은 말하기를 권장하기보다는 말조심을 강조했다. '낮말은 새가 듣고 밤말은 쥐가 듣는다' '모난 돌이 정 맞는다' '발 없는 말이 천 리 간다' 등의 속담들은 입을 잘못 놀렸다가 큰 화를 입을 수 있다고 경고했다. 현대에 이르러서도 전쟁과 분단, 권위주의 정부를 거치면서 말 문화는 더욱 억압적으로 변했다. '말 많으면 빨갱이'라고까지 했다. 위험한 환경에서 눈치껏 살아남기 위한 처세 논리가 지배했다.

이제는 달라졌다. 이제는 너나없이 의견을 적극적으로 표현하고 공감대를 만들어가야 하는 시대다. 신세대는 권위 앞에서 알아서 기어주려고 하지 않는다. 뒷담화와 뒷공론이 아니라 공론 무대에서 합리적으로 의사를 표현하는 기술을 적극적으로 익혀야 한다.

둘째, 서로 존중하고 배려하는 말하기가 필요하다. 반말과 욕설, 공격적인 막말은 대화 상대방을 예민하게 만들고 자유로운 의사소통을 가로막는다. 집단 안에서 상하 관계, 선후배 관계, 갑을 관계가 있다 하더라도 반말을 마구 하면 곤란하다. 상황과 조직 특성에 따라 예외가 있겠으나 공적 영역에서는 원칙적으로 존댓말을 써야 한다.

셋째, 협력하는 말하기가 중요하다. 대화를 독점하지 말고 상대방 말을 경청해야 한다. 대화 상대방에게 존중받는다는 느낌을 주고 싶은가. 무조건 경청하시라. 경청해야 공감 능력이 생긴다. 말을 잘하는 사람들의 공통점은 '잘 듣는' 것이다. 말하기는 듣기에서 시작한다. 잘 말하려면 잘 들어야 한다. 경청하려면 약간의 기술도 필요하다. 거만하게 팔짱을 끼고 의자 등받이에 몸을 뒤로 누인다면 그것은 경청이 아니라 취조하겠다는 자세다. 우선 상대방 쪽으로 몸을 기울이고 상대방에게 시선을 맞추시라. 경청하고 있다는 몸 신호도 보내줘야 한다. 고개를 끄덕이거나 "예" "그렇겠군요" "참 힘들겠네요" 따위로 추임새를 넣을 때 당신이 그 이야기에 몰입하고 있음을 상대방이 인식하게 된다. 대화 단락마다 "제가 이해하기로는 이런 내용인데요. 맞지요?"라고 들은 내용을 확인시켜주는 방법도 좋다.

넷째, 건강한 비판과 논쟁, 오류 인정과 사과를 두려워하지 말아야 한다. 대화가 끊어지거나 인간관계가 무너질까 봐 두려워서 비판을 회피하는 경우가 종종 있다. 비판을 회피하고 묻어둔다고 해서 문제가 해결되는 일은 별로 없다. 예의를 갖춰 비판할 일은 정확하게 비판하고 토론해야 한다. 검토 대상이 되는 문제를 집중해 논의하되 사람을 공격하지 않도록 주의하면 된다.

논쟁 과정에서 자기주장에 근거가 부족하거나 잘못임을 확인하면 곧바로 잘못을 인정하고 사과하는 것이 옳다. 많은 사람이 잘못을 인정하는 순간 자기 값어치가 떨어진다고 생각해 사과를 기피한다. 잘못이 확인되는 데도 인정하지 않고 고집을 부린다고 해서 존재 가치가 유지되지는 않는다. 잘못을 인정하고 사과를 멋지게 함으로써 평판이 좋아지는 경우도 많다.

다섯째, 지위나 학력, 학벌, 출신 지역, 민족이나 인종, 이념 따위를 기준으로 상대방한테 딱지를 붙이는 '배제의 언어'를 삼가

일 잘하는 공무원은 문장부터 다릅니다

야 한다. 대화 상대방한테 특정한 부정적 딱지를 붙이면 그 사람과 대화는 중단된다. 대화 마당에 상대방이 들어오지 못하도록 밀어내는 결과를 빚는다. 상대방과 견해가 다르더라도 같은 마당에서 대화를 이어나갈 수 있도록, 공론장 질서를 유지한다는 차원에서 딱지 붙이기 막말은 규제해야 마땅하다. 말을 내뱉는다고 해서 모두 말이 되는 것은 아니다. 다른 사람의 인권을 침해한다면 표현하는 자유도 무한대로 보장할 수 없다.

여섯째, 쉬운 말 쓰기도 중요하다. 흔히 우리나라 방송은 중학생도 알아들을 수 있는 수준에서, 신문은 고등학생도 읽을 수 있는 수준에서 제작한다고 한다. 미디어만이 아니다. 공직자가 공무를 수행할 때는 중학생도 알 수 있는 쉬운 어휘와 문장을 사용해야 한다.

디지털 시대 말글 쓰기

디지털 매체 시대가 됐다. 스마트폰이 보급되고 문자 메시지, 카카오톡 같은 메신저, 페이스북 같은 SNS 등이 널리 쓰이고 있다. 사람들은 일하는 시간, 퇴근 뒤 시간을 가릴 것 없이 메시지를 수시로 확인한다. 연인이 마주 앉아 입을 열어 대화하는 것이 아니라, 스마트폰을 들여다보며 메신저로 대화를 주고받는 풍경도 이제 낯설지 않다.

디지털 매체 시대에 언어는 어떻게 달라질까? 디지털 매체 시대에는 어떠한 언어 규칙이 필요할까? 본론으로 들어가기에 앞서 인류 역사에서 매체가 바뀜에 따라 언어가 어떻게 달라졌는지를 잠깐 살펴보자. 매체와 언어를 연구한 학자들의 견해를 활용하면 좋겠다(김진해, 〈디지털 대중매체 시대의 언어의 향배〉, 《새국어생활》, 국립국어원, 2016).

매체와 언어의 역사는 문자가 발명되기 이전 시기로 거슬러 올라간다. 구술, 구전 시대에는 문자가 없으니 입에서 입으로 전달하기가 중요했다. 이 시대에는 이야기꾼이 신화와 전설, 영웅담 따위를 말로 전달했다. 경험과 지혜가 풍부한 현자와 노인이 이 시대에 중요한 역할을 했다.

문자가 발명되면서 사정은 달라진다. 말하기만의 시대에서 말하기와 글쓰기가 분리되는 시대가 열린다. 글은 말을 그대로 옮긴 것이 아니다. 말은 한 번 내뱉으면 주워 담을 수 없지만 글은 거듭 다듬어 수준을 높일 수 있다. 문자 시대에는 이야기꾼 앞에 모여 앉아 있을 필요가 없다. 자기 위치에서 글을 읽음으로써 지식을 얻을 수 있다. 글을 써내는 저자가 지식 전승에 중요한 역할을 하며 권위를 갖게 된다.

김진해 경희대학교 교수는 문자 시대에 분리됐던 말하기와 글쓰기가 디지털 시대에 다시 결합됐다고 설명한다. 사람들은 디지털 매체를 통해 소통하면서 글만이 아니고 이모티콘으로 몸짓, 손짓을 함께 표현한다. SNS 메시지는 문어체 글이라기보다는 흔히 입말(구어)을 문자로 형상화해 주고받는다. 새로운 언문일치라고 할까? 디지털 시대 언어는 말하기와 글쓰기가 융합된 새로운 형태를 보여주고 있다고 김 교수는 설명한다. 그의 설명에 공감한다.

디지털 시대에 입말을 문자로 보내고, 말과 글이 융합되는 현상은 일상에서 누구나 체험한다. 과거에 말로 하던 내용을 요즘은 웬만하면 문자 메시지나 카카오톡을 통해 글로 보낸다. 나한테 걸려오는 음성통화는 "고객님, 안녕하세요?"로 시작하는 텔레마케팅이 대부분이고 진정한(?) 음성통화는 며칠이 지나도 한 통이 없다시피 하다. 대중교통으로 이동하거나 회의 참석 중에도 문자로 소통할 수 있으니 편리하긴 하다.

입말을 글로 기록하는 언어생활에서 공직자들이 주의할 점이 있다. 허공으로 사라지는 말과 달리 카카오톡 등과 같은 메신저로 나눈 대화는 아무리 입말로 주고받아도 영구히 내용이 보존된다. 내 스마트폰에서 대화 내용을 지워도 상대방 기기에는 내용이 남아 있을 수 있다. 채팅창에 적은 내용을 누군가가 여러 방법으로 저장할 수 있으며, 내 의사와 관계없이 다른 공간으로 옮겨 퍼트릴 수도 있다(구본권, 《디지털 개념어 사전》, 한겨레출판, 2021).

정치인이나 유명 연예인이 SNS에 속내를 털어놓았다가 문제가 되어 본래 글을 삭제하거나 곤욕을 치르는 경우를 자주 본다. 언론사에서는 기자들이 정치사회 문제와 관련해 개인 의견을 SNS에 올린 것을 두고, 독자와 시청자들이 "언론사 입장이 바로 그런 것이냐?"라고 항의하는 소동이 종종 벌어진다. 법원은 메신저앱 단체 대화방에서 동료 여학생을 겨냥해 성희롱한 대학생들과 관련한 소송에서 "단체 대화방 내용은 언제든지 유출될 수 있다"라며 명예훼손과 모욕죄를 인정했다. 공직자들은 업무 수행과 관련해 공정함을 의심받지 않아야 하며 직무상 비밀을 지켜야 한다. 지인 몇 사람이 모인 단체 대화방에 가볍게 생각하고 사적으로 올린 글을 그중 누군가가 퍼 옮김으로써 문제가 될 수도 있음을 유의하면 좋겠다.

전화 통화에도 새로운 규칙이 필요하다. 과거 유선전화는 자리에 앉아 있어야 받을 수 있었다. 전화를 받았다는 것은 일단 자리에 앉아 전화를 받을 만한 상황임을 의미했다. 휴대전화는 전혀 다르다. 기본적으로 발신자 위주 통신수단이어서 상대방이 회의 중이거나 대중교통을 타고 있거나 모임 중이거나 관계없이 아무 때나 '도발'하게 된다. 도발을 피하려면 통화가 연결되었을 때 맨 먼저 "지금 통화하시기 괜찮으세요?"라고 물어야 예의에 맞다. 통화하기에 앞서 미리 문자를 보내 "언제 통화하시기 편하세요?"라고 통화가 가능한 시간을 묻는 것도 좋은 방법이다.

부서원들과 회의하는 중인데 내 휴대전화로 전화가 걸려왔다고 치자. 전화마다 중요도가 다르긴 하다. 윗사람이 전화했는데 "나중에 전화드리겠습니다"라고 하기 힘든 상황도 있다. 원칙적으로는 마주 앉은 상대가 불쾌하지 않도록 휴대전화를 걸어온 상대방한테 "잠시 뒤에 통화하자"라고 양해를 구하면 좋겠다. 아니면 급한 대로 전화를 받은 다음에, 동석자들한테 사후 양해를 구하면 좀 낫다. 지위가 높은 사람일수록 이런 예절에 소홀하기 쉽다. 회의를 주재하다가 걸려온 전화를 다른 사람들에게 양해도 구하지 않고 거리낌 없이 받는 경우 말이다.

사람들은 이제 퇴근 뒤나 주말, 휴일에도 몇 차례씩 SNS를 확인하게 됐다. 실시간으로 소식을 따라잡아 좋을지 모르겠지만 '과잉 소통'에 따른 피로감도 만만치 않다. 2013년에 독일 노동부는 업무 시간 이후에는 비상시가 아닐 경우 상급자가 직원에게 전화나 이메일로 연락하지 못하도록 하는 지침을 발표했다. 이에 따라 독일 폭스바겐 노사는 스마트폰으로 회사 이메일을 보낼 수 있는 시간을 출근 전 30분과 퇴근 뒤 30분 이내로 제한했다. 과잉 소통을 막고 '연결되지 않을 권리'를 보장해나가는 것도 공공 영역에서 고민해야 할 과제다(구본권, 《디지털 개념어 사전》, 한겨레출판, 2021).

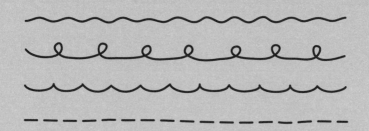

상황에 맞는
말하기의 힘

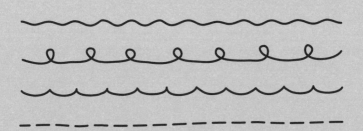

인연을 다지는 축사

행사에 가면 축사를 많이 듣게 된다. 선거철 정치인들 출판기념회에서는 많으면 열 사람이 줄 지어 축사를 하기도 한다. 책 내용을 소개하기보다는 유력 인사들이 많이 참석해 출마자에게 힘을 보태준다는 세 과시가 행사 목적이라 그럴지도 모르겠다.

행사장에서 여러 사람의 축사를 듣고 앉아 있으려면 지루하다. 그런 축사가 지겨운 이유는 축사에 의례적인 덕담만 넘치고, 축하하는 사람과 축하받는 주인공 사이에 구체적인 인연이 빠져 있기 때문이다. 어떤 한정식 집에 가면 음식을 여러 가지 내놓는데 무엇 하나 특색이 없고 기성품 같은 느낌을 줄 때가 있다. 나는 그것을 '영혼이 없는 음식'이라고 부른다. 위에서 말한 행사 축사들은 '영혼이 없는 축사'라고 할 수 있다.

축사는 국회의원이나 기업체 사장, 유력한 기관장이나 한다고 생각할지 모르겠으나, 실은 그렇지 않다. 누구에게나 축사할 일이 생긴다. 가족 친지 모임, 직장 모임, 동창 모임, 사업 친구 모임을 가릴 것 없이 인생의 인연이 깊은 사람들 앞에서 인사말을 하는 경우 말이다. 예를 들어 자녀를 결혼시키는 예식에서 혼주로서 인사말을 할 수도 있고, 부모나 은사를 위한 기념행사를 주관할 일도 있다. 이럴 때 영혼이 없는 축사를 피하고 인연을 다지는 인사말을 제대로 해야 하지 않겠는가.

나는 몇 해 전 양쪽 가족과 신랑신부 친구 30여 명을 모아서 '작은 결혼식'으로 자식을 결혼시켰다. 주례 없이 했는데 나는 인사말에 이런 내용을 담았다. 자식이 어렸을 때 우리 부부한테 얼마나 소중한 존재였는지를 회상하고, 오늘 결혼하는 한 쌍이 외국 유학을 하다가 만나서 서로 좋아하게 된 과정을 내가 아는 대로 소개했으며, 둘의 결혼을 강력히 지지하는 이유를 밝혔고, 행복하게 살아가리라고 기대한다는 내용을 짧게, 그러나 사실관계 위주로 구체적으로 표현했다. 신랑신부 친구 가운데 외국인이 많았던 까닭에 나는 영어로 작문을 해 원고를 읽었다. 그때 신부 친구 몇 사람이 눈물을 지었는데, 내 영어 표현이 좋아서일 리는 없고 인사말 내용이 약간 공감을 불러일으키지 않았을까 짐작한다.

나도 기분이 좋았다. 자식이 내 축사를 듣고 기뻐하니 좋았고, 우리 가정과 인연이 깊은 손님들만 모아놓고 가정 내력을 정리해 소개하는 일도 느낌이 괜찮았다. 독자한테도 비슷한 기회를 적극적으로 갖도록 권하고 싶다.

다른 결혼식에 하객으로 참석했다가 주례사를 듣고 깊이 감명을 받은 적도 있다. 주례 선생은 양가 부모가 우리 사회에서 어떻게 올곧게 살아왔는지를 먼저 소개했다. 이어 신랑과 신부가 그리 썩 잘나가지는 못해도 힘을 잃지 않고 열심히 살아오고 있음을 성장기 연령대별로 자세히 소개했다. 주례사가 40분 넘게 이어졌는데 대상 인물들 내력이 구체적인 사실로 가득 채워진 까닭에 지루할 틈이 없었다. 주례 선생이 양가 부모와 신랑신부 내력을 여간 상세히 취재한 것이 아니었다. 그 무렵 신랑은 사법고시에 여러 해 실패한 뒤 추가 도전을 단념하고 다른 길을 찾느라 백수 상태라고 했다. 신부는 외국에 가서 박사 학위를 받았는데 흔한 대학 시간강사 자리도 얻지 못해 역시 백수라고 했다. 이런 까닭에 "두 사람이 결혼할 능력이 없다고 볼 수도 있지만 바로 그런 처지에 있으니 두 사람이 힘을 합쳐 인생 난관을 헤쳐 나가야 합니다"라고 주례가 선언하자, 하객들은 우레와 같은 박수를 보냈다.

그 주례 선생은 원로 언론인이었다. 신랑신부에 대한 애정과 관심을 토대로, 언론인으로서 취재 능력을 발휘했고 사실 중심으로 생생하게 전달하는 솜씨를 보여줬다. 결혼식 주례사는 의례적인 훈화로 가득한 경우가 많다. 지루하기가 정치인 행사 못지않다. 그 이유는 축사하는 사람이 대상 인물이 살아온 삶에 무관심해서다. 이런 까닭에 영혼이 없는 축사가 공해처럼 난무한다.

보통 사람도 축사할 기회가 생긴다. 축사를 상투적이고 의례적인 덕담을 나열해 때우려고 하지 마시라. 모든 인생은 소중하고 아름답다. 모든 인생은 남보다 높지도 않고 낮지도 않다. 대상자 삶에 깃든 소중한 사연을 최대한 찾아내고 의미를 붙여서 청중에게 생생하게 전달하도록 노력해보기 바란다. 대상자한테 '내 인생 최고의 축사'를 선물한다는 기분으로 말이다.

효과적으로 응원하기

세상을 살아가다 보면 누군가를 응원해야 할 때가 생긴다. 코로나19가 세상을 덮쳤을 때는 "힘내요 대구경북" "힘내요 대한민국" "힘내요 의료진"과 같은 응원 메시지를 많은 사람이 발신했다. 재해를 입어 실의에 빠진 사람들한테 "혼자가 아니랍니다. 힘내세요"라고 응원하는 모습도 종종 본다. 대학입학 수능시험 때면 많은 사람이 친지나 그 자녀에게 "공부하느라 수고했어요. 잘될 거예요"라며 응원 메시지를 보낸다. 공직자는 몸담은 기관 차원에서 응원 메시지를 작성할 일이 생긴다. 대외 메시지뿐만이 아니다. 힘든 처지에 빠진 동료를 토닥거리고 일으켜 세워야 하는 경우도 자주 있다.

표준국어대사전에서는 '응원하다'를 첫째, "운동 경기 따위에서, 선수들이 힘을 낼 수 있도록 도와주다. 노래하기, 손뼉치기 따위의 여러 가지 방식으로 한다"라고 뜻풀이하고 있다. 예문을 보면 "영래가 아이들을 오목내 다리 밑의 모래펄로 집합시켜서는 축구 시합을 응원하도록 하는 거였다"라고 쓴다(황석영,《아우를 위하여》). 둘째, "곁에서 성원하다. 또는 호응하여 도와주다"라는 의미로도 '응원하다'라는 말을 쓴다. 예를 들면 "임진왜란 때 많은 의병이 관군을 응원하였다"라고 표현한다.

어려운 상황에 빠져서 몸과 마음이 오그라드는 사람에게 한마디 응원 메시지를 건네 힘을 북돋워줄 수 있다면 그것만큼 멋진 일이 어디 있겠는가. 효과적으로 응원 메시지를 보내는 방법은 곰곰이 연구해볼 일임이 분명하다.

프로야구 열성 팬인 홍인혜 시인은 투수가 흔들릴 때 코치 또는 포수가 마운드를 방문해 어떤 메시지로 투수를 응원하는지가 궁금해, 언론 보도 사례를 조사했다. 투수가 위기에 빠진 상황은 대략 이렇다. 베이스에 주자들은 쌓이고 공격하는 상대 팀 타순은 점점 강타자 쪽으로 올라가고 있다. 우리 편은 조금 전 다른 이유로 실점했다. 앞으로 공 하나 잘못 던지면 그것으로 게임을 완전히 망칠 수 있다. 마운드에 홀로 선 투수는 부담과 외로움을 느낀다. 그때 코치나 포수가 마운드를 방문해 한마디 건넸더니 투수가 극적으로 좋아진 사례를, 홍 시인은 유형별로 나눠봤다.

홍 시인은 그 가운데 "네 공을 누가 쳐?"가 가장 멋지다고 했다. 투수를 가르치고 투수 공을 받아주어서 투수를 누구보다 잘 아는 코치나 포수가 네 재능은 확실하다, 누구도 어찌할 수 없다고 말해주니, 투수가 두려움에서 벗어나 자신감을 되찾더라고 했다. "야수들 뒀다 뭐해"라는 말도 매력적이었다. 인생에서 힘든 일은 그 일을 혼자 감당하려 할 때 더욱 힘들기 마련이다. 야구는 투수 혼자 하는 거 아니야. 네가 어떻게 던지든 야수들이 뒷받침해줄 거야. 이렇게 말하며 동료가 함께 있음을 코치나 포수는 투수에게 상기시켜줬다. 인생에서는 고통받더라도 고독하진 말아야 하지 않는가. 그런 원리를 담았다. 코치와 포수는 "내일 이기면 돼"라는 말도 종종 사용했다. 오늘 한 경기 졌다고 세상이 무너지지 않음을 일깨워, 부담을 덜어주는 전략이었다.

마지막으로 코치와 포수들은 "어제 저녁에 뭘 먹었어?"라고 묻기도 했다. '힘을 내라고 격려하겠지. 그 말조차도 부담스러워'라고 투수가 생각하는 순간에 엉뚱한 질문으로 김을 확 빼버렸다. 투수는 잠깐 당황했다가 전날 저녁에 먹은 소소한 음식 맛을 기억해내면서 평정심을 되찾는다고 했다. 자신이 세상에서 동떨어져 홀로 서 있는 것이 아니며, 어제 저녁을 먹었고 오늘 저녁도 먹어야 하듯이 지금 순간도 소소한 일상 가운데 일부임을 그 말로 일깨웠다(「투수를 일으킨 "어제저녁 뭐 먹었어?"」, 〈한겨레〉, 2020년 8월 8일자).

나는 대입 수능일을 맞아 수험생에게 보내는 인기 메시지들을 유튜브에서 찾아봤다. "수험생 여러분을 응원합니다" "수능 대박! 잘 풀고 잘 찍자!"" 괜찮아! 포기하지 마, 넌 할 수 있어"" 당신이 최고예요. 자신의 능력을 믿으세요!"" 잘했고, 잘하고 있고, 잘할 거야"" 넌 혼자가 아니야. 내가 있잖아. 언제나 힘내!"" 꿈을 향해 가보자. 넌 할 수 있다!"" 수능 대박! 재수 없는 길로! 행복한 미래로!"…. 나는 그중에서 자신의 능력을 믿으라는 말이나 넌 혼자가 아니다, 내가 있으니 힘을 내라는 말이 더욱 멋지다고 생각했다.

어떤 대통령은 수능시험 날에 "힘들었지? 수고했어"라는 제목을 달아 다음과 같이 수험생 응원 메시지를 페이스북에 올렸다.

"수능을 앞둔 수험생 여러분, 공부하느라 고생 많았습니다. 결과에 대해서는 걱정하지 말고 하던 대로 해주길 바랍니다. 나무는 크게 자라기까지 따뜻한 햇볕을 많이 받아야 하고, 더 깊이 뿌리를 내리기 위해 숱한 비바람을 견뎌내야 합니다. 수험생을 묵묵히 지켜주신 부모님들께 감사드리며, 하루하루를 꿋꿋하게 이겨낸 수험생들이 자랑스럽습니다. 내일은 여러분의 날입니다. 최선을 다한 만큼 반드시 꿈은 이뤄질 것입니다. 편안하게 잘 치러내길 바랍니다. 대통령 ○○○"

수험생들이 힘든 시간을 보냈음을 위로하고, 결과를 걱정하지 말고 하던 대로 편안하게 일상의 평정심을 유지하라고 당부했다.

평범한 문장이지만 응원 메시지의 핵심 요소를 대체로 담았다. 청와대 비서실이 작성한 메시지이니 스크랩해두면 나중에 긴요하게 참조할 수도 있겠다.

살아가다 보면 누군가에게 응원 메시지를 보내야 할 때가 있다. 고통과 고독 속에 빠진 사람을 위로하려면 그와 같은 편에 서서 공감해줘야 한다. 그 점이 응원에서 핵심이며 출발점이다. 그것을 전제로 상대방의 강점을 상기시켜주는 전략, 실패해도 별것 아니라고 부담을 줄여주는 전략, 어려움을 함께 헤쳐 나갈 사람이 있음을 상기시켜주는 연대 전략 따위를 구사할 수 있다.

같은 편에 서서 공감해주지 않으면서 빈말을 건성으로 늘어놓는다? 효과가 없다. 어려움에 빠진 사람이 정신이 혼미해 사리 분별이 흔들릴 수는 있지만, 누가 자기편인지 아닌지는 기막히게 알아채기 때문이다.

스몰토크

스몰토크(small talk)는 가볍게 던지고 가볍게 주고받는 말을 뜻한다. 회사 업무로 상대방을 만났을 때 마주 앉자마자 업무 이야기로 들어가면 불편하지 않겠는가. 알던 사람들끼리도 '용건만 간단히'라고 회의 안건으로 바로 들어가면 어색해진다. 사람들은 업무 때문에 만나지만 업무가 전부는 아니다. 만나서 일하는 과정이 즐겁고 편안해야 한다. 웃기도 잘하고 재미있는 이야기를 하는 사람과 일하면 당연히 즐겁고, 그런 사람과는 또 만나고 싶어진다. 이런저런 경우에 분위기를 부드럽게 하려고 주고받는 시시콜콜한 이야기를 스몰토크라고 이해하면 된다.

본래 개념을 살펴본다면 스몰토크는 사교 행사를 즐기는 미국 커뮤니케이션 문화에서 비롯했다. 한국 국어사전에서 스몰토크는 표제어로 등장하지 않을 정도로, 우리의 말하기 문화에서는 익숙하지 않은 개념이다. 옥스퍼드 영어 사전에서는 스몰토크를 "한담. 사교 자리에서 그다지 중요하지 않은 일을 놓고 정중하게 이야기 나누기"라고 풀이하고 있다.

　스몰토크를 잘하려면 무슨 이야기를 꺼내면 좋을까? 제일 쉬운 화제는 날씨, 스포츠, 취미, 요즘 인기를 끄는 드라마나 영화 따위다. 오늘 날씨가 더워졌다거나 오늘 추운데 다들 옷을 단단히 챙겨 입고 나오셨는지를 물으면 가벼운 첫마디로 무난하다. 스포츠나 취미, 드라마와 영화는 조금 길게 시간을 활용해도 될 때 주제로 삼으면 편하다. 가령 월요일 아침 직장에서 회의를 하려고 모였을 때 팀장이 다짜고짜 팀원별 업무 보고를 요구하기보다는, "지난 주말에는 어땠어요?"라고 한 박자 쉬어가면 괜찮다. 직장 주변에 새로 문 연 식당이 맛집으로 뜨고 있다는 정보도 먹는 이야기는 대개 환영받는다는 점에서 스몰토크 주제로 훌륭하다.

　나는 여러 해 전 이탈리아 시칠리아로 출장을 갔다가 나폴리대학교 동양학과 교수인 이탈리아인의 팔레르모 집에서 하룻밤 묵으면서 여러 이야기를 나눴다. 이탈리아라면 문화와 예술이 발달하고, 움베르토 에코와 같은 지성인을 배출한 나라 아닌가. 이탈리아 사람들은 저녁마다 식당에 모여 밤늦게까지 먹고 마시면서 활기차게 이야기를 나누는 밤 문화가 유명하다. 그래서 이탈리아 지식인들은 무슨 이야기를 많이 하는지를 대학교수에게 물었더니, "그 무렵 텔레비전 드라마가 가장 인기 있는 화제"라고 했다.

신문에는 온갖 지적인 화제와 흥미로운 일이 가득하다. 신문기사를 활용하면 재미있는 스몰토크거리를 많이 발굴할 수 있다. 가령 미국의 여성 시인 루이즈 글릭(Louise Gluck)이 2020년 노벨문학상을 받았는데, 이 상이 그동안 시인과 여성, 미국 문단에는 잘 돌아가지 않던 것에 비춰서 이번 수상은 이례적이라는 이야기를, 상대방이 문학이나 독서를 즐기는 사람이라면 스몰토크 주제로 꺼내도 좋다. 코로나19로 사람들이 힘들게 지냈다. 노령인 부모가 코로나19로 세상을 뜨게 됐는데 감염 우려 때문에 대면으로 임종하지 못하고 병실 옆방에서 화상으로 임종하는데 화상 중계인 까닭에 마지막 순간을 바라보기가 더욱 힘들었다는 이야기, 방역 때문에 장례도 가족이 치르지 못하고 보건당국이 화장 등을 주관했으며 장례가 끝난 다음에 1천만 원의 장례 지원비를 국가로부터 받게 됐다는 슬픈 이야기가 신문에 실렸다. 이런 이야기도 분위기에 따라서는 스몰토크 주제로 활용할 수 있다. 날씨 이야기만 길게 늘어놓으면 지루하지 않겠는가. 지적인 이슈가 상황에 따라 흥미를 끌 경우도 많다.

정치나 종교 이야기는 피하는 것이 좋다. 정치와 종교를 본격적으로 논의할 것도 아니면서 어설프게 건드렸다가 견해 차이만 드러내고 상처를 만들기 쉬워서다. 누구나 재테크에 관심을 가질 무렵에는 그것도 좋은 소재였는데, 아파트 가격이 폭등해 아파트로 돈을 번 사람과 그렇지 못한 사람 사이에 자산 격차가 커진 다음부터는 가벼운 화제로 다루기 어려워졌다. 남성 상급자가 여성 부하를 상대로 결혼 여부, 남편의 직업, 애인 유무, 결혼 계획 따위를 꼬치꼬치 묻는 것도 삼가야 한다. 여성은 스몰토크가 아니라 취조당한다고 생각하기 쉽다.

스몰토크는 사교 행사가 활발한 미국 커뮤니케이션 문화의 산물이라고 앞에서 말했다. 미국인 여성 데브라 파인(Debra Fine)이 쓴 《잡담 말고 스몰토크》라는 책이 국내에 번역됐는데 저자가 스몰토크 전문가로 변신한 인생 내력이 흥미롭다. 데브라 파인은 본래 대인 관계를 자신 없어 했다. 사교를 하지 않고 기계만 만지면 되겠다고 생각해 엔지니어를 직업으로 택할 만큼 그 정도가 심했다. 그는 "나처럼 키가 크고 뚱뚱한 여자한테 남자들이 말을 걸어올 리 없다"라고 지레짐작하고 늘 소심하게 지냈다.

첫 남편과 이혼한 마흔 살 무렵이었다. 그는 친구들도 사귀고 재미있게 살고 싶어졌다. 다른 사람과 잘 어울리는 '인싸('인사이더[insider]'의 줄임말)'들은 어떻게 행동하는지 유심히 관찰하고 메모했다. 인싸들은 대개 상대방이 다가오기에 앞서 상대방한테 먼저 다가서고 있었다. 그는 낯선 사람에게 말을 건네 5분 이상 대화를 이어가는 실험을 하기로 했다. 한번은 동네 술집에서 다른 테이블에 앉아 있는 남자에게 다가가 말을 걸었다. 뜻밖에 말이 잘 통했다. 데브라는 그때 깨달았다. 자신에게 매력이 없어서 사람들이 자신에게 말을 걸지 않으리라고 지레짐작했던 바와 달리, 다른 사람들도 자신처럼 소심해서 남한테 말을 걸지 못하고 있으며 누군가 말을 걸어줄 때 반가워한다는 점을 발견했다. 누군가를 만나려면 내가 먼저 손을 내밀어야 하는 것이었다. 동네 술집에서 데브라가 말을 건 남자는 평생 가는 근사한 친구(결혼한 것은 아니고)가 됐다.

이 좋은 걸 나만 알아야 해? 그는 스몰토크 트레이너로 변신해 대화 기술을 전문적으로 가르치는 회사를 창립했다.

《잡담 말고 스몰토크》는 사교 행사에서 뻘쭘하게 있지 않고 대화에 적극적으로 참여하는 기술을 소개하고 있다.

첫째, 대화를 잘하려면 낯선 사람에게 말을 거는 위험을 감수하라고 한다. 상대가 다가오기만을 기다리면 대화 기회가 적다. 내가 나서면 기회가 늘어난다. 대화도 많이 해봐야 는다. 말을 걸었다가 거절당해봐야 그다지 끔찍한 피해는 없다.

둘째, 대화에 필요한 머리 쓰기 부담을 기꺼이 짊어지라고 요구한다. 재미있는 화제 생각해내기, 사람들 이름을 기억하고 그를 다른 사람에게 소개하기, 어색한 분위기를 깨고 중단된 대화를 이어가기가 이런 범주에 해당한다. 부담스럽지만 이런 부담을 당신이 기꺼이 맡아준다면 상대방도 당신과 친구가 되려고 하리라. 하긴 먼저 주어야 받을 것이 생기겠지.

셋째, 내가 말을 하지 말고 상대방이 나한테 말을 하도록 분위기를 조성해주라고 제안한다. 이를테면 "가족 얘기 좀 해주실래요?" "일 얘기 좀 해주실래요?" "아이 얘기 좀 해주실래요?" "취미 얘기 좀 해주실래요?" "주말에 뭘 하면서 지내셨어요?" 등으로 개방형 질문을 던지고 상대방한테 이야기할 기회를 주라고 한다.

내 이야기를 떠벌리지 말고 상대방에게 말할 기회와 분위기를 적극적으로 조성해주라고 하니, 뜻밖의 반전으로 느껴졌다. 직업적인 스몰토크 트레이너라더니 뭐가 달라도 다르군.

눈맞추기

고려대학교가 발간한 한국어대사전을 보면 눈맞춤을 "서로 눈을 마주 바라봄" "또는 그렇게 해서 상대에게 사랑의 뜻을 전하는 일"이라고 풀이하고 있다. 예문으로는 "선생님은 학생들과 눈맞춤을 하며 미소를 지었다" "나의 뜨거운 사랑을 전하기 위해서는 지금 당장 그녀와의 눈맞춤을 실현해야 한다는 생각이 들었다"를 제시하고 있다. 서로 눈을 마주 바라봄으로써 사랑의 뜻을 전하다니, 이것처럼 괜찮은 소통 형태가 별로 없을 듯하다.

눈맞춤을 놓고 동서양 문화의 차이가 있다. 위키피디아에서는 눈맞춤(eye contact)을 "마주한 두 사람이 상대의 눈을 바라보며 시선을 일치시키는 커뮤니케이션의 한 형태로서, 서구권의 문화에서 유래한 관습이다"라고 풀었다. 동아시아 문화에서는 사람 눈을 똑바로 보는 것을 무례한 행동으로 받아들였다. 특히 아랫

사람이 윗사람과 마주 앉을 때는 시선을 다소곳하게 아래로 접어야 공손하다고 봐줬다. 폭력 영화에서 보면 조직 보스가 부하에게 "눈 깔아"라며 윽박지르지 않는가. 한국 대학생들은 교수와 눈을 잘 마주치지 않는데, 한국에 온 서양인 교수들은 이런 상황을 의아하게 여겼다.

문화는 바뀌는 법이다. 요즘은 우리나라에서도 눈맞춤을 무례하다고 여기지 않는다. 내 경우를 말하자면 두 사람이 마주 앉건 예닐곱 명이 회의를 하건 눈을 맞추려고 노력해온 편이고, 이제 습관이 되어 저절로 말하는 사람에게 시선을 집중하게 된다. 나는 너덧 명이 회의나 식사를 하면, 누구든 말하는 사람에게 내 시선을 맞춘다. 내가 말할 때는 누구 한 사람한테 편중하지 않고 일행 모두한테 골고루 시선을 나눠주려고 한다. 상대방이 다른 곳만 보거나, 몇 사람이 함께 앉아 있는데 나에게 시선을 나눠주지 않을 때는 살짝 속이 상하기도 한다. 그 이유가 무엇일까? 눈맞춤이 고려대학교 한국어대사전의 정의대로 "서로 눈을 마주 바라봄으로써 사랑의 뜻을 전하"거나, 최소한 "나는 당신에게 집중하고 있습니다"라는 뜻이기 때문 아닐까.

눈맞춤은 여러 사람 앞에서 발표할 때 더욱 강렬한 힘을 발휘한다. 나는 신문기자로 일하면서 몇 해 동안 대학 야간학부에서 강의했다. 첫 번째 학기 강의를 할 때였다. 30여 명이 수강하는 강의였다. 개강 뒤 아마 네 번째 강의였을 것이다. 수업 도중 무심코 맨 앞줄 학생 아무개 씨를 부르고 그 옆자리 아무개 씨, 그 뒷자리 아무개 씨를 호명하다가 출석부를 보지 않은 채 30여 명 수강생의 이름 모두를 죽 외워서 불렀다. 수강생 한 사람 한 사람과 눈을 맞추면서 이름을 다 불러나가자 학생들 사이에서 "오~~"하고 탄성이 터져 나왔다. 학생들은 강사가 자기 이름을 기억해 불러준다는 사실을 굉장히 좋아했다.

그때부터 한 학기 강의가 거짓말처럼 술술 풀려나갔다. 대학에는 학기말 강의평가 제도가 있는데, 나는 학생들로부터 최고 점수를 받았다. 첫 대학 강의였으니 잘하고 싶었고 학생들 면면이 사랑스러웠다. 출석부도 신기해 수없이 들여다본 결과 저절로 학생들 이름이 외워졌다. 나뿐만 아니라 다른 교수나 강사들도 생애 첫 학기 강의 때 비슷한 경험을 한다고 한다.

나는 공공기관이나 기업 초청 특강도 여러 차례 했다. 특강할 때는 강단에만 머물지 않고 수시로 강단을 벗어나 청중 전체 좌석 앞줄에서 1/5 내지 1/4 위치로 들어가곤 했다. 청중 속으로 들어가면 청중과 거리가 가까워지고 눈을 맞추기가 훨씬 쉬워진다. 더욱 고급스러운 현장 기술을 소개한다면 청중 앞줄에 눈길을 주다가 중간쯤으로, 이어 뒷줄로 옮겨가면서 청중 모두에게 골고루 시선을 나눠주는 것이다. 이때 일방적으로 자기 하고 싶은 말만 떠드는 것이 아니고 "앞줄 분들, 저 뒷줄 분들. 어떠세요? 잘 들리세요?"라고 수시로 관심을 표시하면 반응이 확실히 좋아진다. 저명한 스피치 강사 김미경 씨는 《김미경의 아트 스피치》에서 시선을 골고루 나눠주는 동작을 "시선 마사지" "아이 샤워(eye shower)"라고 부르면서, 요령을 소개했다. 강의 초보자라면 청중 모두와 골고루 눈을 맞추기 힘들 수도 있다. 그 경우에는 청중 가운데 한두 사람을 정해놓고 시선을 수시로 교환하는 것도 괜찮은 방법이다. 그러면 그 사람으로부터 응원 에너지를 받는 느낌이 든다.

나는 프레젠테이션을 할 때도 비슷한 경험을 했다. 여러 해 전 일이다. 어떤 용역 입찰을 따기 위해 제안서 프레젠테이션을 했다. 프레젠테이션 공간에는 발표자용 연단과 스크린이 놓였고, 일곱 명의 심사위원이 갈매기 날개 모양으로 붙여놓은 두 개의 테이블에 나눠 앉았다. 발표자용 연단과 심사위원 테이블 사이에는 지름 6~7m 정도 빈 공간이 있었다. 나는 프레젠테이션을 시작하자 바로 연단을 벗어나 심사위원 쪽으로 가까이 다가갔다. 왼쪽에서 오른쪽으로, 다음에는 오른쪽에서 왼쪽으로 시선을 옮기면서 심사위원 한 사람씩 눈을 맞추고 우리 제안서 내용을 설명해 나갔다. 청중과 눈을 맞추면 청중과 공감대를 형성하기 쉽고 청중 반응을 알기도 쉽다. 청중이 발표 내용을 쪽쪽 받아들인다는 느낌이 들기 때문에 연사가 말하기도 더욱 쉬워진다. 나는 입찰을 따냈다. 나중에 뒷이야기를 들어보니 적극적인 프레젠테이션 태도가 호평을 받았다고 했다.

프레젠테이션은 흔히 파워포인트 자료가 중요하다고 말한다. 나는 다르게 생각한다. 청중이 파워포인트 자료보다는 프레젠테이션 하는 사람한테 시선을 집중하도록 하는 것이 유리하다. 누군가는 파워포인트 자료는 수면제이고 눈맞춤은 각성제라고 했다. 눈맞춤을 통해 "나는 당신에게 집중하고 있습니다"라는 사실을 알리기 때문에 강렬한 각성 효과가 생긴다.

즉석 스피치

　누구에게나 즉석 스피치를 할 일이 생긴다. 모임에 참석했는데 인사말을 해야 하거나, 회식 자리에서 건배사를 요구받는다. 별다른 생각 없이 어떤 자리에 갔는데 갑자기 "한 말씀 해달라"는 요청을 받기도 한다. "말 못해요"라고 손을 내저을 일만은 아니다. 즉석 스피치도 원리와 전략을 알아두면 어떤 자리에서든 마음 편하게 어울리고 참석자들과 유대감을 다질 수 있다.

　즉석 스피치는 건배사를 겸하는 경우가 많다. 인터넷에 보면 '핵인싸'가 되는 요령이라면서 별의별 건배사가 떠돌아다닌다. '원더걸스(원하는 만큼 더도 말고 걸러서 스스로 마시자)' '당나귀(당신과 나의 귀한 만남을 위하여)' '진달래(진하고 달콤한 내일을 위해)' '당신멋져(당당하고 신나고 멋있게 살되 가끔 져주자)'와 같은 고전들이 있다. '최신 유행 건배사'라고 검색하면 '119(1가지 술로 1차까지만

하고 9시에는 집에 가자)'ㆍ'기숙사(기분 좋게 숙취 없게 사이좋게)'ㆍ'여행
가자(여성이 행복하면 가정은 자동 빵)'ㆍ'미사일(미래를 위해 사랑을 위
해 일을 위해)'ㆍ'모바일(모든 것이 바라는 대로 일어나길)'ㆍ'마취제(힘든
세상 마시고 취하는 게 제일이다)' 따위가 나온다.

　회식 자리에서 이런 건배사를 들을 때 기분이 어땠나? 신선한
즐거움을 느꼈는가? 나는 아니었다. '이미 들어본 건데' 하면서
식상함을 느꼈고 때로는 잡스럽다고 여겼다. 회식은 인연을 다지
고 편안한 시간을 보내기 위함인데, 이를 위해 인터넷을 뒤지고
건배사를 적어 다니기까지 해야 하는 오늘날 한국인들의 딱한 처
지를 생각하며, 서글픔을 느꼈다.

　나는 조선족 동포사회 취재를 위해 중국 동북 3성 도시를 여행
한 일이 있다. 취재가 끝난 다음에 중국 백주를 놓고 취재원들과
저녁을 함께 했다. 취재원은 중국 동포사회에서 명사 축에 들어
가는 분들이었다. 동포사회 사람들은 둥근 테이블에 둘러앉아 한
사람이 건배사를 하면 일제히 한 잔을 마시고, 다음 사람이 건배
사를 하고 또 일제히 한 잔 마시는 문화가 있었다. 대화와 음주를
안배해 돌아가는 회식 문화가 흥미롭고, 그때 나오는 건배사 내
용도 흥미로웠다. 우리처럼 정형화된 인터넷 건배사는 찾아볼 수
없었다. 대부분 오늘 이 자리가 마련돼 기쁘게 맺게 된 인연을 소
중하게 생각함을 밝히는데, 정황과 감정을 구체적으로 사실 위주
로 묘사했다. 예컨대 몇 해 전 서울을 방문했을 때 이러저러한 것

을 보고 좋았는데 오늘 다시 서울에서 온 분을 만나니 어떤 새로운 이야기를 함께 나눌지 기대된다는 식이었다. 상투적인 표현을 남발하지 않았으며 하나를 묘사해도 구체적으로 했다. 우리나라 사람들은 학과시험과 입시 용도에 쓸 국어 공부가 따로 있고 현실 언어생활이 따로 노는 반면에, 중국 동포들은 말하기 공부를 제대로 해서 써먹는다는 느낌을 줬다.

　나도 사회생활을 하다 보니 즉석 스피치 기회가 종종 생긴다. 어느 날 대기업 최고경영자 한 분이 각계 인사 열댓 명쯤을 모아서 기업경영 자문과 네트워킹을 겸해서 주최한 저녁 모임에 참가했다. 예외 없이 그날도 돌아가면서 한마디씩 하도록 분위기가 흘렀다. 나는 우선 "네, 고맙습니다"라는 말로 시작해 고마움을 표시할 대상을 죽 나열했다. 초청해준 호스트가 고맙고 행사를 준비한 실무진이 고맙고 함께 참여한 다른 손님들이 고맙다고 했다. 때로는 별다른 맥락 없이 모두한테 고맙다고 해도 즉석 스피치 흐름상 자연스럽게 넘어간다. 그리고 그날 모임에서 좋았던 점, 특히 누가 간담회 기조 발제를 했는데 그중 어떤 대목이 왜 도움이 됐는지를 구체적으로 이야기했다. 아울러 식사 시간이니 음식에 대해 묘사하고 나서 "오늘 저녁 이 음식!"을 선창하고 "훌륭하다!"를 후창하도록 요청했다. 행사 내용과 음식에 이르기까지 구체적으로 긍정하고 감사를 표시하면 무엇보다 주최자가 만면에 웃음을 짓게 된다.

이 경우는 행사 내용과 음식을 이야기했지만 소재는 얼마든지 달라질 수 있다. 예를 들어 퇴직하는 직장 동료를 위로하는 자리라면 그 동료와의 인연을 회고해주면 가장 어울린다. "제가 입사 초기에 그분이 바로 몇 해 선배로서 제 사수였는데 이러저러한 도움을 주셔서…"랄지 혹은 "비밀 한 가지를 공개하겠다"라면서 때로는 나와 해당하는 인물 사이에 얽힌 작은 사연을 살짝 언급해도 사람들의 관심을 끌기 좋다. 입에 발린 수식어를 나열하지 마시라. 그 자리에 모인 사람들과 연관된 사연과 사례(에피소드)를 구체적으로 스토리텔링 해보시라. 공감을 얻기 훨씬 쉽다.

즉석 스피치에는 나름대로 원리와 전략이 있다. 첫째, 잡스럽게 하지 말자. 각종 모임, 회식 자리에서 분위기를 띄워보겠다고 인터넷 건배사를 적어서 다니는 일은 그만두자. 둘째, 번지르르한 수식어를 나열하지 말고 구체적인 사건, 사연, 사례를 활용해야 설득력이 크다. 셋째는 남 이야기 말고, 그 자리에 참여한 사람들 사이의 인연을 반영하는 '우리 이야기'를 구체적으로 하도록 노력하시라.

사과하기

    사람들은 일반적으로 사과하기를 싫어한다. 갈등이 생겼을 때 깨끗이 사과하면 시원하게 풀릴 듯도 한데 그것은 내가 남을 비평할 때 이야기다. 자기 일이 되면 많은 사람이 이 핑계, 저 핑계를 대면서 사과하기를 피한다.

    표준국어대사전에서는 '사과하다'를 "자기의 잘못을 인정하고 용서를 빌다"라고 풀었다. 비슷한 말로는 '사죄하다' '빌다'가 있다. 사전 뜻풀이를 보면 사과가 쉽지 않은 이유를 알 것 같다. 사람들은 자기 잘못을 인정하면 자기 지위나 평판이 낮아질까 두려워한다. 잘못을 인정하면 배상이나 원상회복 책임이 생길까 걱정하기도 한다.

    나도 남들처럼 사과하기를 싫어했고 되도록 회피하려 했다. 그런데 막상 사과를 해보니까 두려워했던 바와 달리, 별다른 문제가 생기지 않았다. 문제를 수습하는 데 도움이 되기도 했다. 신문사 문화부장을 할 때였다. 문화면에 답사 여행기를 연재하는 문제를 놓고 예비 필자와 담당 기자, 내가 마주 앉았다. 예비 필자는 담당 기자와 전날엔가 미리 만난 터였다. 나로서는 첫 만남이니 그분과 인사를 나누는 데 의미를 뒀다. 게재 여부와 관련한 구체적인 문제는 담당 기자와 그분이 따로 더 논의해달라고 요청했다. 그것으로 그날 이야기를 마쳤다.

2, 3일 뒤 그분이 몹시 불쾌해한다는 이야기가 들려왔다. 그분은 담당 기자와 사전에 만난 자리에서 실무적인 조율은 끝났고 게재 확정을 전제로 문화부장과 인사를 나누는 자리로 생각했다고 한다. 담당 기자가 우리 부서 방침을 잘못 이해하고 앞서나간 결과였다. 담당 기자는 마침 나보다 선배였다. 선배는 후배인 부장한테 일일이 부서 방침을 묻는 것을 불편해했고, 나도 선배를 존중한다고 업무 지시를 세세하게 하지 않았더니 소통 착오가 생겼다.

나는 그분한테 전화를 걸었다.

"선생님께서 오해하시도록 저희가 원인을 제공했습니다. 제가 잘못했습니다. 정식으로 사과드립니다."

아울러 담당 기자와 부장 사이에 선후배 순서가 뒤집혀 소통이 어려웠고 그 결과 문제가 빚어졌음을 있는 그대로 설명했다. 필자는 화를 풀었다.

> "사실 제가 엄청 화가 났습니다. 그런데 문화부장 전화를 받고 보니 신문사 선후배 사이의 미묘한 관계가 착오를 일으킬 수 있겠다는 생각이 듭니다."

사정을 있는 그대로 설명하고 적극적으로 사과함으로써 나는 신문사 부장으로서 필자를 잘못 관리한다는 나쁜 평을 들을 위험에서 벗어났다.

나는 한국소통학회라는 학술단체에서 활동하면서 소통을 주제로 꾸준히 책을 모아 읽었다. 사과는 소통 영역 가운데 중요한 주제였다. 사과 원리와 효과를 공부하고 나니 사과하기가 훨씬 쉬워졌다. 요즘은 상사나 동료, 부하에게서 뭔가 지적받으면, 나는 '이게 맞는 지적인가? 내가 원인을 제공한 게 맞나?'를 생각한다. 내가 틀린 것이 없는데도 사과할 필요는 없다. 그러나 상대방이 굳이 지적까지 하고 나설 때는 대부분 그럴 만한 이유가 있다. 크게 망설이지 않고 나는 잘못을 인정하며 용서를 구한다. 내가 다른 일은 별로 잘하지 못하지만 사과하기만큼은 그다지 두렵지 않다. 사과의 원리와 효과를 공부해서, 사과해도 그다지 위험하지 않음을 알게 되어서다.

사과하기를 연구한 책으로는 아론 라자르(Aaron Lazare)가 쓴 《사과 솔루션》이 국내에 번역됐다. 아론 라자르는 미국 하버드대학교 의과대학 정신과 교수를 거쳐 1991년부터 16년간 매사추세츠대학교 의과대학 학장을 지냈다. 의사와 환자 사이의 소통을 꾸준히 연구했으며 특히 심리학 차원에서 수치심을 연구해 권위를 인정받았다.

아론 라자르는 이렇게 주장했다. 과거에 사과는 약자나 패배자가 비굴하게 굴복할 때 사용하는 언어였다. 권력자들은 사과하기를 극력 회피했다. 권력자는 사과하면 권위와 지도력이 훼손당한다고 여겼다. 요즘 시대에 사과는 약자나 패배자가 쓰는 언어가 아니다. 지도자와 승자의 언어다. 왜 그럴까? 사과는 강력한 갈등 조정의 수단이 될 수 있다. 갈등을 잘 조정하는 사람이 바로 지도자와 승자 아니겠는가.

버락 오바마 미국 대통령은 사과를 잘해서 위기를 기회로 뒤집은 것으로 유명하다. 오바마는 대통령 후보 시절인 2008년 5월 크라이슬러 공장에서 행사를 하다가 취재하는 여기자를 '스위티(sweetie, 예쁜이)'라고 불렀다. 자기 애인에게나 붙일 애칭을 공적으로 취재 중인 언론인에게 붙였으니 성희롱으로 비판받기에 충분했다. 오바마는 행사를 마치고 다른 도시로 이동하는 비행기 안에서 실수를 깨달았다. 비행기에서 내리자마자 그는 기자에게 전화했고 상대방이 전화를 받지 않자 사과 메시지를 남겼다.

"나는 당신에게 스위티라는 표현을 쓴 것을 사과합니다. 저의 나쁜 말버릇일 뿐 비하 의도는 전혀 없었습니다. 이번 실수를 매우 미안하게 생각합니다. 전화 한번 주세요. 제 홍보팀을 통해 당신에게 보상할 기회를 만들겠습니다."

오바마는 경위 모두를 자세하게 언론에 발표했다. 그럼으로써 위기를 벗어났다.

아론 라자르는 동서고금 역사에서 실패한 사과, 성공한 사과 사례를 찾아봤다. 그리고 올바른 사과가 갖춰야 할 요소 네 가지를 뽑아냈다. 올바른 사과는 첫째, 무엇을 잘못했는지 사실관계를 명백하게 인정해야 한다. 사람들은 흔히 "제가 뭘 어찌했건 관계없이 무조건 사과한다"라고 말한다. 리처드 닉슨 미국 대통령은 재선 선거운동 과정에서 측근들이 경쟁자인 민주당 후보 선거운동 본부에 도청 장치를 설치한 워터게이트 사건 때문에 사임하게 됐다. 그는 사임을 발표하면서 자기 과오가 무엇인지 명확히 밝히지 않고 "발생했을지도 모르는 어떠한 위법행위"에 대해 유감을 표한다고 했다. 이런 것은 '가짜 사과'다. 문제를 초래한 사실관계를 인정하기는커녕 밝히지도 않고 모호하게 뭉갰기 때문이다. 둘째, 어떻게 해서 그 잘못을 범하게 됐는지 경위를 밝혀야 한다. 셋째, 후회와 수치심을 적극적으로 표현해야 한다. 잘못을 범했으니 참으로 부끄럽고 후회한다고 고백해야 한다. 넷째, 보상

책을 밝혀야 한다. 말로만 하면 진짜 사과가 아니다. 잘못해 상대 방한테 피해를 입혔으면 피해를 구체적으로 회복시켜줘야 한다.

리하르트 폰 바이츠제커 독일연방공화국 대통령은 1985년 유럽 종전 40주년을 맞아 독일 하원에서 역사에 남을 명연설을 했다. 그는 제2차 세계대전 중 유대인 학살을 비롯한 나치 독일 만행을 두고 이렇게 말했다.

"우리는 꾸밈과 왜곡 없이 진실을 직시할 필요가 있고 또 그럴 힘을 갖고 있습니다."

"오늘 우리는 전쟁과 독재로 인한 희생자 모두를 애도합니다. 특히 독일 강제수용소에서 살해된 600만 명의 유대인들… 전쟁으로 고통받은 모든 국가, 특히 목숨을 잃은 수많은 소련과 폴란드 국민… 집시들, 동성애자들과 정신질환자들… 종교나 정치적 신념 때문에 죽어야 했던 이들… 처형된 포로들 모두를 추모합니다. 우리는 독일 점령국들에서 일어난 레지스탕스 운동의 희생자들을 기억합니다. 우리 독일인들은 일반 대중, 군부대, 교회, 노조와 무역조합, 공산주의자들 사이에 있던 반독일 운동의 희생자들을 애도합니다."

"죽어간 이들에 대한 비탄, 상해나 장애 혹은 야만적인 강제 불임 수술로 인한 고통, 강간과 약탈로 인한 고통, 강제노역, 불의와 고문, 기아와 고난, 체포와 죽음에 대한 공포로 인한 고통… 지금 우

리는 이 모든 인간적 고통을 기억하며 애도합니다. 기억 없는 화

해란 있을 수 없습니다."

바이츠제커는 독일이 저지른 가해 행위를 빠짐없이 인정했다. 많은 희생자들(유대인, 집시, 동성애자, 정신질환자, 폴란드인, 소련인 등), 그들이 겪은 고통(강간, 약탈, 강제노역, 고문, 기아, 죽음 등), 박해받은 이유(종교 및 정치적 신념 등)를 모두 열거했다. 바이츠제커 대통령은 변명이나 자기 합리화를 통해 잘못을 축소하려 하지 않았다. 반대로 그는 독일 사람들에게 "주어진 책임으로 결과를 직면하라"고 요구했다. 기억하고 인정하는 행위가 "우리 존재 자체의 일부"가 돼야 한다면서 이것이 화해로 가는 유일한 길이라고 주장했다.

바이츠제커는 1984년 서독 대통령으로 선출됐고, 1990년 통일 독일 대통령으로 한 차례 더 재임했다. 유럽 여러 나라는 독일이 통일 뒤 힘을 키워 이웃 나라를 또 위협하지 않을까 불안해하면서 독일 통일을 견제했다. 바이츠제커는 과거 잘못을 통렬하게 사과해 주변 나라가 품는 의구심을 잠재웠다. 〈뉴욕타임스〉는 "바이츠제커 대통령 덕분에 독일의 도덕적 위상이 크게 올라갔다"라고 평했다.

사과는 자기 잘못을 인정하고 용서를 비는 행위다. 사과하면 자기 존재가 낮아지리라고 걱정하지만 실제로는 그렇지 않다. 사

과해도 특별한 문제가 생기지 않으며 때로는 상황을 반전시키는 데 도움이 되기도 한다. 공직자가 직무를 수행할 때나 시민의 일상생활에서나 원리는 같다. 사과할 일이라면 두려워하지 말고 사과하시라. 사과를 피하려고 잔머리 쓰지 말고 효과적으로 사과해 한 번에 문제를 마무리 짓는 방법을 연구하시라.

일 잘하는 공무원은 문장부터 다릅니다

토론

토론(debate)이란 찬성자와 반대자가 논리적인 근거를 들어 견해를 발표하고 상대 주장이 부당함을 드러내는 말하기 형태다. 토의(discussion)는 여러 사람이 모여 문제에 해답을 얻기 위해 협의하는 말하기 형태다.

토론에서는 공동 결론을 도출할 필요가 없다. 상대 주장이 부당함을 드러내고 자기주장이 정당함을 입증하면 된다. 논의를 통해 문제의 성격과 배경, 전망을 뚜렷하게 확인함으로써 논의에 참여하거나 지켜본 사람들이 대안을 선택하도록 돕는 것이 토론의 목적이다. 토론은 논쟁이다.

방송 토론 프로그램인 KBS 〈생방송 심야토론〉, MBC 〈100분 토론〉 등은 여당과 야당, 진보와 보수 등 대립하는 패널들로 토론자를 구성한다. 의견이 엇갈리는 양쪽이 치열하게 공방전을 벌이고 그것을 시청자들이 보고 판단하도록 하는 것이 목적이기 때문에 토론 프로그램에서 결론이 합의되지 않는다고 실망할 필요는 없다.

정부와 기업에서는 의사결정을 하기 위해 종종 토론을 활용한다. 국무총리와 여당 대표를 지내고 은퇴한 정치인 이해찬 의원이 마흔여섯 살 나이에 교육부 장관으로 기용됐을 때 이야기다. 그는 김대중 정부 첫해 교육부 장관으로서 교육개혁 계획을 세워야 했다. 교육 분야에는 학생과 교원, 학교법인, 학부모, 산업계 등 이해관계 주체들이 많다. 정책을 추진할 때 말도 많고 탈도 많다. 이 장관은 그때까지 교육 분야 활동 경험이 거의 없었다. 그런 상황에서 업무를 빠르게 파악하고 거대한 정책을 세워야 하니, 특별한 방법이 필요했다.

이 장관은 교육부 관료들을 모아서 연속으로 내부 정책토론회를 열었다. 평일에 업무를 하느라 바쁘면 토요일 오후에 모여 밤늦게까지 토론하도록 했다. 신임 장관 앞에서 실력을 어떻게 평가받느냐에 따라 후속 인사가 왔다 갔다 할 상황이었다. 관료들은 소신을 열심히 주장하고 상대 의견을 적극적으로 논박했다. 토론 기회를 만들면 쟁점에 얽힌 온갖 이야기들이 무대 위로 올라오기 마련이다. 짧은 시간 안에 정책을 속살 깊숙이 파악하기 좋았다. 다양한 아이디어를 정책에 반영하기 좋고, 실수를 예방하고 안전하게 가기에도 좋았다. 이 장관은 취임 첫해 동안 한 주평균 1.12회로 모두 58회 내부 토론회를 열었다. 김대중 정부의 교육 정책이 성공했느냐 실패했느냐는 독자들이 판단하고 나한테 묻지 마시라. 나는 그 시기에 의사결정 도구로 정책토론회를 활용한 사례를 알리고 싶을 따름이다.

서양에서 토론의 역사는 고대 그리스 도시국가 아테네로 거슬러 올라간다. 아테네에서는 전쟁 개시와 같은 큰 주제가 생겼을 때 시민들이 광장에 모여 민회를 열었다. 법정 토론도 활발했다. 토론을 잘해야 인정받고 출세하는 사회였으니 토론을 가르치는 학원도 성행했다. 플라톤은 '아카데미아'라는 학교를 운영했고, 제자 아리스토텔레스도 여기서 공부했다. 학자들은 그리스의 소피스트 중 한 사람인 프로타고라스를 토론학 시조로 꼽는다.

로마에서는 공화정 시절 의회에서 정책 토론을 활발하게 했다. 중세 암흑기에는 토론이 활발하지 않았다. 르네상스 이후 유럽 각지에 대학이 설립되면서 토론은 필수 교양과목이 됐다. 현대 민주주의를 이야기할 때는 영국 하원에서 실시한 의회 토론, 미국 식민지 시대 타운홀 미팅을 빼놓지 않는다.

중세 암흑기에 토론이 위축됐다고 했다. 중세에는 신이 정한 뜻을 전달하는 독점 기관으로서 교회가 강력한 권위를 유지했다. 절대자인 신이 가르치는 바를 따르면 된다고 말하는 사회, 절대 진리 하나만 중시하는 사회에서는 토론이 설 자리가 없다. 르네상스 이후 절대 진리 시대가 막을 내리고 상대주의 인식이 자라났다. 상대주의에서는 진리가 무엇인지 당장 확증할 수 없고, 꾸준히 따져보고 찾아가다 보면 진리가 조금씩 구체화되리라고 믿는다. 토론 문화는 상대주의 인식을 토대로 꽃을 피웠다. 나만이 올바를 수 없으며 상대 주장도 옳을 수 있다는 관용과 개방적인 자세가 토론 문화에 바탕이 된다.

토론이든 토의든 기왕 하려면 시끌벅적하게 해야 한다. 토론이나 토의 참여자는 자기 주장을 뒷받침할 근거를 충분히 제시하고, 상대방의 주장이 부당함을 드러내는 논거를 제시해 그것을 무너뜨려야 한다. 감정이 상할까 걱정하면서 할 말을 하지 않고 엉거주춤 봉합하면 좋지 않다. 견해가 다른데 그냥 덮어놓아서 문제가 해결되는 경우는 별로 없다.

상대를 비판할 때 주의할 점이 있다. 첫째, 인신공격 오류를 피해야 한다. 상대 의견에 대해 비판하고 지적하시라. 얼마든지 괜찮다. 상대방도 받아들인다. 상대가 학력이 부족하다거나 출신 지역이나 계층을 지적한다거나 나이가 많아서 적어서를 이야기하진 마시라. 토론 상대방이 벌컥 화를 낸다. 예를 들어보자.

토론자 A: 이러면 안 됩니다. 악법과 잘못된 관습은 타파해야 합니다.

토론자 B: 저 머리에 피도 안 마른 놈이….

상대 주장을 비판하지 않고 그 주장과 관계없이 토론자 나이를 갖고 공격했다. 부당하게 인신공격을 하면 토론을 진행하기 어렵다.

둘째, 성급한 일반화 오류를 피해야 한다. 충분한 근거 없이 한두 가지 예만으로 사태가 특정한 방향으로 전개되리라고 예단하지 마시라. 예를 들어보자.

토론자 A: 와이셔츠가 싸다고 해서 이 백화점으로 왔는데 별로 싸지 않네.

토론자 B: 맞아. 이 백화점은 물건 값이 비싸다고 소문내야겠어.

와이셔츠 값 하나를 갖고 백화점 전체 가격 수준을 결론 지으면 성급한 일반화가 된다. 합리적인 토론을 가로막는 요인이다.

우리 사회는 토론 문화가 취약한 편이다. 특히 정치권에서는 의견 자체를 놓고 논쟁하지 않고 상대방의 출신 지역이나 자격, 이념 등을 놓고 잡아먹듯이 인신공격을 하기도 한다. 인신공격은 토론 언어가 아니다. 토론 무대인 공론장에서 토론 참여자를 밀어내버리는 배제의 언어를 쓰지 않도록 주의해야 한다.

제대로 토론하려면 비판과 비난을 구분해야 한다. 표준국어대사전에서 비판은 "현상이나 사물의 옳고 그름을 판단하여 밝히거나 잘못된 점을 지적함"이라고 풀이한다. 비난은 "남의 잘못이나 결점을 책잡아서 나쁘게 말함"이라고 풀고 있다. 비판은 문제를 찾아내어 밝히고 대안을 찾는 행위다. 비난은 상대방을 깎아내리고 신뢰성 떨어뜨리기 자체를 목적으로 삼는다. 정치인들이 공방전을 벌일 때 대안이나 합의점을 찾기보다는 상대방 흠집 내기에 주력하는 경우가 많은데 이것이 비난에 해당한다. 제대로 토론하려면 비난을 삼가고 정확하게 비판해야 한다.

김대중 대통령은 자서전《다시, 새로운 시작을 위하여》에서 비판 원칙을 밝혔다.

"나는 비판을 하면서 두 가지 원칙을 지켜왔습니다. 하나는 먼저 상대방의 입장이나 장점을 인정해주는 비판, 그리고 두 번째는 상대방의 인격을 훼손하지 않으면서 하는 비판입니다. 상대방의 입장이나 장점을 인정해주지 않으면, 상대방은 비판을 자기에 대한 비난으로 생각하고 수용해주지 않습니다. 상대방의 인격을 존중하는 비판이 되기 위해서는 다른 사람들 앞에서 비판하지 말아야 한다는 것입니다."(《다시, 새로운 시작을 위하여》중에서, 김영사, 2005)

나도 겪어봤다. 내가 상대방 주장을 무너뜨리겠다고 다짜고짜 달려들었는데 잘되는 법이 없었다. 상대방의 장점을 인정해준 다음에 견해가 다른 대목을 논박하면 논의가 훨씬 부드러워졌다. 윗사람이 나만 조용히 불러놓고 문제 요점을 지적하면 지적과 비판을 순순히 받아들였다. 똑같은 내용이라도 다른 사람이 보는 앞에서 지적하면 내 명예가 공격당한다고 느끼면서 지적을 받아들이기보다는 방어하는 마음을 갖게 됐다.

우리 사회는 공적 문제를 토론이든 토의든 공론에 붙여서 풀어가는 문화가 취약하다. 공직자들은 민원인과 함께 어떤 문제를 토론하기를 매우 힘들어한다. 정부나 기업 조직 내부에서 의사결정을 할 때도, 구성원들 사이에 이견이 불거지면 볼썽사납다고 여기고 종종 토의를 피한다. 이견에 부닥치는 것을 싫어하는 상위자가 "됐어요. 그만!"이라며 논의를 막기도 한다.

공직자는 토론과 토의 원리를 이해하고 활용해야 한다. 토론과 토의를 활용하면 다양한 아이디어를 반영하고 개발하기 좋아 효율적이며, 오류를 줄여주어 안전하다. 민주주의는 인류가 괜히 발명한 것이 아니다. 써먹으라고 발전시켰다.

유머

나는 유머가 풍부한 사람이 부러웠다. 성공하려면 유머와 위트로 무장하라거나 성공한 사람은 유머의 달인이라거나 하는 담론이 세상에 넘쳐나지 않는가. 성공까지 기대하지 않더라도 유머 감각이 있는 사람과 함께 있으면 즐겁기 마련이다. 기왕이면 주변 사람에게 보탬이 되어야지. 무슨 방법이 없을까?

궁리하던 끝에 나는 유머 관련 책을 사들였다. 《유머》《성공한 리더는 유머로 말한다》《인간관계의 장벽을 뛰어넘는 소통 유머》《성공하려면 유머와 위트로 무장하라》《유머로 리드하라》《위대한 대통령의 위트》…. 이런 책들을 두루 읽었다. 인터넷 검색도 했다. 온라인 오프라인으로 유머 요령을 가르치는 강좌가 차고 넘침을 알게 됐다. 책이 쏟아지고 강좌가 성행하는 것은 수요가 많아서다. 이 과정에서 나뿐만 아니라 뜻밖에 많은 사람이 유머가 풍부해지길 꿈꾸고 있음을 알게 됐다.

나름의 연구 결과를 토대로 유머의 원리와 사례 몇 가지를 소개하겠다. 첫째는 로널드 레이건 미국 대통령이 저격범 총에 맞아 수술실로 옮겨질 때 이야기다. 레이건은 절박한 상황에서 의사들에게 "당신들 공화당원입니까?"라고 농 섞인 말을 건넸다. 이 질문에 의사들도 "오늘만큼은 공화당원입니다"라고 받아넘겼다.

죽을지도 모르는 위험하고 고통스러운 순간이었다. 그런데도 긍정 마인드를 갖고 유머를 구사했다. 중국 작가 루쉰이 쓴 소설 《아큐정전》의 주인공처럼 무조건 긍정 마인드로 무장하면 살아난다고 자신을 속이는 정신승리법을 권하고 싶진 않다. 하지만 기왕에 물이 엎질러졌는데, 닥친 불행에 사로잡혀 허우적대기보다는 마음이라도 밝게 갖도록 노력하면 기운이 회복되는 경우도 많다. 레이건 사례가 그런 경우 아닐까.

과학자 아인슈타인은 상대성이론으로 유명해져서 미국 여러 대학에서 강연 요청이 쇄도했다. 그때마다 운전기사가 강연장 구석에 앉아 강연을 듣더니 강연 내용을 완전히 암기할 경지에 이르렀다. 장난기가 발동한 아인슈타인이 한번은 자신과 운전기사가 옷을 바꿔 입고 운전기사에게 강연하도록 했다. 가짜 아인슈타인 박사는 성공적으로 강연했다. 그런데 청중 한 사람이 어려운 질문을 했다. 운전기사는 순간 기지를 발휘해 "아, 그 정도 질문은 저 뒷줄에 앉은 내 운전기사도 답변할 수 있을 겁니다. 운전기사 양반. 올라와서 답변해드리도록 해요"라고 했다.

아인슈타인의 사례를 보면 본인과 운전기사 모두 장난기가 넘쳤다. 주변에 장난기와 유머 코드가 있는 사람을 떠올려보시라. 대개는 "인생! 그거 별거 아니네! 살다 보면 틀릴 수 있고 틀려도 돼. 정답만 찾으려고 너무 심각하게 살지 말아"라고 하는 여유 있는 태도를 느낄 수 있다. 유머는 여유에서 비롯한다. 세상살이는 본래 힘든 법이다. 그렇다 하더라도 힘든 일에 늘 짓눌리고 긴장감에 휩싸여 살 필요는 없다. 인생의 고단함을 인식하되 마음 한쪽에 여유를 가져보자. 학자들은 유머는 우리의 연약함과 좌절을 인정할 때 나올 수 있으며, 인간의 고통과 불행을 이해할 때 유머 감각을 가질 수 있다고 설명한다.

유머의 원리 두 번째 유형이다. 김수환 추기경이 기자간담회를 했다. 추기경 님이 외국어를 참 잘하신다는 얘기를 들었다고 한 기자가 질문했다. 추기경은 외국어도 잘하지만 한 가지 더 잘하는 말이 있다고 했다. 궁금해하는 기자들에게 추기경은 "저는 거짓말도 잘합니다"라고 했다. 추기경쯤 되는 사람이 자신을 내려놓고 하는 말에 기자들은 미소를 짓지 않을 수 없었다.

윈스턴 처칠 영국 총리가 정책 실패 때문에 의회에서 호된 비판을 받았다. 비판을 받고 연단에 오른 처칠은 이렇게 말했다. "저는 이밖에도 많은 잘못을 저질렀지만 여러분은 아마 그 대부분을 모르고 있을 겁니다."

학자들은 유머 메시지의 으뜸 구성 원리는 "자신을 무너뜨리기"라고 설명한다. 잘난 척하지 말고 자신을 겸손하게 낮출 때 듣는 사람은 안심하고 여유를 느끼면서 웃음을 터뜨린다. 코미디언들이 흔히 하는 바보 흉내 개그도 자신을 낮춰 시청자를 안심시키고 웃음을 유발한다는 점에서 원리는 비슷하다. 겸손하게 자신을 낮추면 상대방의 따가운 시선을 미리 차단하는 효과도 생긴다.

나는 유머가 풍부한 사람이 부러웠다. 나도 방법이 없을까 해서 책을 찾아보고 나름대로 연구했다. 그러나 유머 넘치는 존재로 탈바꿈하진 못했다. 그래도 직장 팀원들과 어울리는 데 불편함을 느끼진 않는다.

한번은 팀원들과 다큐멘터리 영상물 시사회에 참석했는데, 영상물 안에 "사람은 또박또박 월급만 받으면 행복하지 않다. 사람은 짜릿한 긴장감 요소를 추구하는 법이다"라는 내용이 나왔다. 나는 "아닌데요. 나는 또박또박 월급만 나오면 행복하던데요"라고 했더니 팀원들이 웃음을 지었다. 또 한 번은 팀원들이 노래 경연대회 행사를 하는데 심사위원을 맡아달라고 하기에, "나는 (노래 실력이 부족하여) 심사를 받아야 할 대상인데 어떻게 남을 심사하나요?"라고 했더니 팀원들은 역시 웃어주었다. 나 자신을 낮췄더니 팀원들이 안심하는 표정을 지었다.

나는 또 한 가지에 신경 쓴다. 남이 유머를 구사할 때 귀 기울여 듣고 열심히 웃어주려고 한다. 영국 사람들은 유머 감각이 부족하면 신사가 아니라고까지 이야기한다. "그래. 나는 노력했지만 남을 웃기는 데까진 미치지 못했어. 영국 신사는 아니야. 하지만 남이 웃기는 이야기를 할 때 열심히 듣고 손뼉 치면서 웃어줄 수 있어." 웃기지는 못해도 열심히 웃어주자. 내가 하는 것은 여기까지다.

일상 대화

우리는 일상생활에서 나날이 대화를 한다. 공적인 스피치를 할 기회는 많지 않더라도 몇몇 사람이 머리를 맞대는 대화는 피할 수 없는 일상 그 자체라고 할 수 있다. 우리는 대화를 통해 일상 업무를 진행한다. 대화가 원활하면 일상생활이 행복하고 대화가 원활하지 않으면 스트레스가 커지기 마련이다.

내가 대화하기 좋은 사람인가는 굉장히 중요한 문제다. 우리가 선택할 수만 있다면 기왕이면 대화하기 좋은 사람과 만나는 것이 좋다. 훨씬 효율적이며 행복하다. 대화하기 나쁜 사람은 피할 수 있다면 피하시라.

대화하기 나쁜 사람은 누구일까? 첫째, 자기 혼자서만 끝없이 떠드는 사람이다. 오랜만에 만났는데 상대방한테 "그동안 어떻게 지냈어?"라고 묻지도 않거나, 물었다 해도 대답을 기다리지 않고 자기 이야기만 줄곧 떠드는 사람이 있다. 둘째, 대꾸해야 할 타이밍에 아무런 반응을 보이지 않는 사람이다. 과연 내 이야기를 들어주는 건지, 자기 이야기를 공개하기를 꺼리는 건지 알 수 없는 경우다. 셋째, 남이 이야기하는 중간에 말허리를 아무런 신호도 없이 툭 끊어버리는 사람이다. 기분 잡치게 만든다. 누군가와 대화를 하고 돌아섰는데 기분이 좋지 않다면 대개 이런 유형을 만났을 때다. 내가 혹시 이런 행동을 하진 않는지도 가끔 생각해보자.

누구나 마찬가지겠지만 나도 동창, 동종 업계 출신, 동네 생활 체육 등 이런저런 모임에 나간다. 나는 말하기와 글쓰기를 나름대로 특기 분야로 삼고 있다. 나는 모임이 진행되는 동안 약간의 분위기 조성을, 눈에 띄지 않게 시도하는 편이다. 몇 달 만에 만난 경우 우선 각자 근황을 소개하도록 한다. 근황을 나누고 어느 정도 분위기가 풀어지면서 자유로운 화제로 넘어가되 어느 한 사람이 독무대를 이루지 않도록 약간 조절을 시도한다. 특정인이 너무 말을 길게 할 경우, 다른 사람은 어떻게 생각하시느냐고 해서 발언 기회가 분산되도록 한다. 별거 아닌 거 같아도 대개 분위기가 좋아진다.

학자들 이야기를 들어보면 좋은 대화에는 규칙이 존재한다. 다른 사람한테 기쁨과 만족감을 주는 대화자는 말하는 사람과 듣는 사람 역할이 순환돼야 함을 잘 안다고 한다. 말하는 사람과 듣는 사람이 역할을 바꿀 때면 나름의 신호(방송에서 동작을 지시하면서 '큐'라고 신호하는 것처럼)를 보내기 마련인데 그 신호를 잘 읽어야 한다.

말하는 사람은 말을 계속하고 싶을 때와 말 차례를 넘기고 싶을 때 각각 신호를 보낸다. 말을 계속하고 싶을 때는 들릴 정도로 숨을 크게 들이마시거나 제스처를 계속한다. 듣는 사람과 눈맞춤을 피하기도 한다. 억양을 내리지 않으면 말할 것이 남아 있다는 뜻이다.

말을 끝내고 상대방한테 기회를 넘기고자 할 때는 그를 바라보면서 "그렇죠?" 또는 "어때요?"를 묻는다. 또는 억양을 내림으로써, 침묵을 유지함으로써, 듣는 사람과 눈을 마주치고 고개를 끄덕임으로써 역할을 넘긴다.

듣는 사람은 말할 차례를 요구할 때와 말할 차례를 거절할 때 신호를 보낸다. 말할 차례를 요구할 때는 직접 요구하거나 "음…" "저…" 등의 소리를 내어, 입을 벌리거나 눈빛을 보내서, 손동작을 하거나 몸을 앞으로 내밀어서 말하고 싶음을 표시할 수 있다. 눈맞춤을 피하거나 대화와 상관없는 행동, 즉 기침하거나 코를 푸는 것은 말하지 않겠다는 의사 표현이 될 수 있다.

미국에서는 열 살 소녀한테 대화 신호를 이용해 대화에 참여하는 법을 교육했더니 학급 급우 사이에서 소녀에 대한 호감도가 눈에 띄게 높아졌다는 실험 결과가 있다.

이런 신호 방법을 기억해두려면 머리 아프다고요? 규칙이 있다는 사실만 알아두시라. 그것만으로도 대화 경쟁력은 높아질 수 있다.

대화는 오래 교류해 친숙하고 동일한 가치를 공유하는 사람들끼리만 하는 것은 아니다. 문화와 경험, 가치관, 사회적 여건이 다른 사람과도 대화할 일이 있다. 문화와 가치관, 사회적 여건이 다른 사람과 만날 때는 '다름'을 인정하고 상대방을 열린 자세로 받아들이는 노력이 더욱 필요하다.

학자들은 대화 경쟁력을 높이기 위한 원칙을 제시한다. 첫째, 개방성이 필요하다. 상대방 이야기를 듣기만 하고 자기 속내는 드러내지 않겠다고 하면 대화는 이뤄질 수 없다. 대화는 주고받아야 한다. 둘째, 감정이입과 존재감 공유가 중요하다. 상대 입장이 되어 같은 관점에서 같은 감정을 느낄 줄 알아야 한다. 역지사지라고도 할 수 있다. 상대방 말을 들으면서 눈을 맞추고 고개를 끄덕이면서 "맞아" "그렇지"라고 추임새를 넣어주면 괜찮다. 상대 말을 이해했음을 간추려 표현함으로써 알려줄 수도 있다. 대화하면서 스마트폰을 뒤적거린다거나 딴청을 피운다면 대화가 아니다. 책임 있는 대화 주체로 존재감을 공유해야 한다. 셋째, 상호작용 관리가 중요하다. 대화를 어느 한 사람이 독점하지 않고 골고루 말할 기회를 누리도록 하시라. 대화에 N명이 참여하면 참가자 각자가 1/N씩 시간을 활용하면 좋다. 여기에 1/N법칙이라고 이름을 붙여서 기억해두자.

전문가들은 호감을 얻는 대화 방법으로 7대 3 전략을 권하기도 한다. 전체 대화 속에서 상대가 7을 말하고 내가 3을 말하라는 것이다. 상대가 시간을 넉넉히 사용하도록 하려면 상대가 편안히 이야기하도록 질문을 잘 던져줘야 한다. 질문을 적절하게 하고 나는 상대 말을 잘 들어주어야 한다.

사람들이 쉽게 이야기하는, 가장 편한 주제는 무엇일까? 그것은 대개 '자기 자신에 관한 이야기'다. 사람들은 대개 남 이야기를 듣기보다는 자기 이야기를 하고 싶어 한다. 나는 직장에서 새로 만나게 된 팀원들과 얼굴 익히기를 겸해서 일대일로 연속 면담을 해봤다. 그때 나는 가벼운 스몰토크로 대화의 문을 열고, 상대가 지내온 내력, 그동안 가장 기억나는 순간, 요즘 하는 일은 어떤지 등에 관하여 자연스럽게 질문을 던져나간다. 질문거리가 궁해지면 상대방에게 "아무 이야기든 하고 싶은 이야기를 하세요"라고 한다. 물론 나도 하고 싶은 이야기를 한다. 그러다 보면 앞에 소개한 7대 3 시간 배분은 이뤄진다.

미국 링컨 대통령이 군사 자문을 받으려고 군사 전문가 한 사람을 초청해 거의 밤새도록 이야기를 나눴다. 전문가가 돌아간 뒤 대통령은 "그 사람, 말 잘하네"라고 흡족해했다. 실제로 그 전문가는 대통령이 자기 생각을 실컷 떠들도록 분위기를 조성하고 자기는 약간씩 조언만 덧붙였다고 한다.

최고의 방송 진행자인 김제동 씨가 한동안 〈김제동의 톡투유〉라는 토크쇼 프로그램을 진행했다. 평범한 일상 주제를 놓고 무대 위에서 패널들이 이야기하고 객석 청중들도 함께 참여해 이야기를 나누는 형식인데, 소소하면서도 진솔한 인생 이야기들이 많이 쏟아져 나와 청중들이 눈물짓곤 했다. 김제동 씨가 사람들에게 진솔한 인생 이야기를 끌어내는 비결은 뭘까? 나는 한 인터뷰 기사를 읽었다. 김제동 씨는 프로그램을 진행하기 전에 자신이 무슨 이야기를 할지를 준비하는 것이 아니라, "내가 무슨 이야기도 하지 말아야 한다"면서 듣기에 충실하기를 다짐했다고 밝혔다. 유능한 진행자는 좋은 화제를 준비해 떠드는 사람이 아니라, 다른 사람이 편안하게 이야기할 수 있도록 멍석을 깔아주는 사람임을 나는 깨달았다.

따뜻한 일상 대화는 공적 스피치 이상으로 중요하다. 리더로서 성과를 내려면 당연히 대화에 능숙해야 한다. 리더가 아니고 따르는 사람일 경우에도 마찬가지다. 대화의 기술을 익히면 행복해지기 쉽다.

발표하기

    가까운 사람과 사적인 자리에서 조곤조곤 이야기를 나누라면 누가 못하겠는가. 하지만 무대에 올라 청중 앞에서 마이크를 잡으려면 가슴이 울렁거려 힘들다고 발표 불안증을 호소하는 사람이 많다. 대학에서 말하기와 글쓰기 과목을 강의할 때 일이다. 첫 수업 시간에 학생들에게 조사했다. 먼저 '발표 불안증을 전혀 느끼지 않는다. 여러 사람 앞에 서는 건 나름대로 자신 있다'는 사람을 파악했다. 30명쯤 되는 수강생 가운데 한두 명이 손을 들었다. 다른 때는 괜찮은데 여러 사람 앞에서 발표하려면 울렁증이 느껴져서 힘든 사람이 있냐고 물으니 나머지 28~29명이 손을 들었다.

    나는 학생들에게 앞으로 나와서 각자 겪는 발표 불안증에 대해 발표하도록 했다. 발표하기 쉽도록 다음과 같이 틀을 짜주었다. 1) 나는 발표하기 불안할 때 어떤 신체 증세가 나타나는가? 손이 떨리거나 식은땀이 나거나, 머릿속이 하얘지거나 하는 등의 증상을 말해달라. 2) 그 증상은 언제 어떤 상황에서 나타났던가? 3) 그러한 불안은 언제부터 시작되었을까? 성장 과정 이야기나 지내면서 곤란해졌던 경험이 있으면 말해달라고 했다.

발표 불안증을 겪는 사람들은 그 증상 때문에 고민해온 세월이 길다. 다른 것은 몰라도 자기 증상만은 훤하게 알고 있다. 누구보다도 잘 알고 있는 바로 그 주제를 발표하라고 하니, 학생들은 힘들이지 않고 차례로 자기 문제를 발표했다. 28~29명이 발표를 마친 다음에 내가 다시 물었다.

"어떤가요? 다른 사람 고민에 대해 들어보니까요? 발표 불안증을 나만 겪는 게 아님을 알게 됐지요?"

학생들은 그 순간 자기뿐만 아니라 많은 사람이 같은 문제로 고민해왔음을 처음으로 확인하게 된다. 그리고 마음에 드리웠던 짐을 어느 정도 내려놓는 치유 효과를 체험한다. '나만 왜 이럴까?'라고 혼자 괴로워하지 않아도 됨을 깨닫는다.

우리나라는 전통적으로 말하기를 권장하기보다는 억눌렀다. 속담에서도 '낮말은 새가 듣고 밤말은 쥐가 듣는다'라거나 '발 없는 말이 천 리 간다'라거나 해서 말을 조심하라고 했다. 과거 우

일 잘하는 공무원은 문장부터 다릅니다

리 가정에서는 밥 먹을 때 즐겁게 대화하는 것이 아니라, 떠들지 말고 밥 먹는 데 집중하라고 했다. 발표 불안증을 겪는 사람이 많을 수밖에 없었다.

학자들은 발표 불안증을 유형별로 구분한다. 첫째는 성격적 불안증이다. 친구들과 대화할 때나 남들과 놀 때, 대중 연설을 가릴 것 없이 모든 커뮤니케이션 상황에서 늘 불안을 느끼는 경우다. 유전적 요인이나 성장기에 말하려고 할 때마다 누가 억눌러서 크게 고통받았던 경험, 발표할 때마다 참담하게 실패해본 경험이 누적됐을 때 나타난다. 이런 경우는 전문가 상담을 받아보면 좋다.

둘째는 상황적 불안증이다. 평소에 소통하는 데는 문제가 없는데 여러 사람 앞에서 스피치를 하려면 '혹시 잘못하면 어떻게 하나'라고 불안감을 느낀다. 그 상황이 중요하기 때문에 생기는 불안증으로, 많은 사람이 느끼는 발표 불안증이 여기에 해당한다. 대통령처럼 매일 같이 연설을 하는 사람도 국회 연설이나 국제회의 연설을 할 때 긴장한다고 한다. 남한테 평가받는 처지에서 좋은 결과를 얻어야 한다는 부담 때문에 초조해진다.

사람들이 느끼는 발표 불안증은 대부분 후자다. 이는 어렵지 않게 치유할 수 있다. 전문가들의 견해를 토대로 치유 방법을 소개하겠다. 첫째, 자기 불안증을 구체적으로 분석하시라. 내가 발표를 잘못하면 청중에게 찍혀서 어떤 나쁜 상황으로 가게 되리라고 예상하는지, 예상 내용을 글로 구체적으로 적어보면 도움이 된다. 발표 불안증은 실체가 막연할 때 더욱 심해진다. 불안감을 막연한 상태로 두지 말고, 객관화시켜서 드러내시라. 발표해서 실패해도 피해가 크지 않음을 알게 된다. 실제로 어떤 발표를 해서 100점 만점을 얻지 못한다 해도 발표를 송두리째 망쳐서 0점을 받을 일은 거의 없다. 못해도 60점이나 70점은 얻는다.

둘째, 청중은 비판자가 아님을 인식한다. 발표 불안증을 갖는 사람들은 청중이 마치 회초리를 들고 지켜보는 양 청중을 두려워한다. 청중은 내가 생각하는 것과 달리 발표자한테 관심이 없다. 청중은 발표 주제가 궁금해서 내용을 들어보려고 모인 사람들이다. 때로는 나오라니까 별다른 생각 없이 동원되기도 한다. 청중은 최소한 발표자를 비판하거나 평가하기 위해 모이지 않는다. 청중은 발표 내용이 흥미로우면 귀담아듣고, 흥미롭지 않으면 "별 내용 없네"라면서 흩어지고 당신을 잊어버릴 따름이다. 청중에게 하나라도 더 좋은 내용을 전달하는 데 집중하고, 노력하시라. 발표자로서 내 할 도리를 다하면 그만이다. 결과를 걱정하지 마시라.

셋째, 긴장 완화 기술을 이용한다. 발표 전에 가볍게 산책하거나 심호흡을 하면 도움이 된다. 손이 떨린다면 떨리는 손을 떨리지 않는 반대편 손으로 지긋이 잡아주어도 괜찮다.

넷째, 현장 진행 상황을 미리 머릿속에 그려본다. 발표 장소에 조금 일찍 도착해 무대나 마이크 위치를 확인하고 내가 어느 방향 어떤 계단으로 올라가 연대 앞으로 다가설지를 미리 상상하면 도움이 된다. 연대에 서서 청중을 여유 있게 굽어본 다음에 잠시 쉬었다가 천천히 말을 떼는 방법도 있다. 발표 첫마디로 무슨 말을 할지 몰라 쩔쩔매다가 엉뚱한 소리를 하고, 그 후유증으로 발표 내내 괴로워하는 경우가 있다. 인사말을 포함해 발표 첫 문장은 미리 정해 외워두면 좋다.

나는 말하기와 글쓰기 과목 대학 강의를 몇 학기 해보았다. 학생들한테 쓸모 있는 지식을 전달했다고 자부하진 못한다. 다만 학생들이 발표 불안증을 벗어나도록 약간 돕긴 했다. 학생들은 한 학기 수업이 끝나갈 무렵에 "덕분에 말하기가 편해졌어요"라고 소감을 밝혔다.

실은 나도 발표 불안증이 있었으며 요즘도 불안증을 느낄 때가 있다. 앞에 소개한 네 가지 발표 불안증 치유 방법을 나도 써먹고 효과를 보았기에 여기서 이렇게 권한다.

말실수 줄이기

글쓰기는 몰라도 말하기는 자신 있다는 사람이 있다. 나름대로 말솜씨를 믿고 어느 자리에서든 떠벌리기 좋아하는 사람 말이다. 이런 사람일수록 말실수 한 방으로 그동안 쌓은 평판과 신뢰감, 인간관계를 무너뜨릴 수 있다. 말실수는 무엇이며 어떻게 해야 말실수를 예방하거나 수습할 수 있을까?

광주 KBS와 교통방송에서 아나운서로 활동하고 전남대학교 객원교수로 있는 박진영 씨는 《한순간에 관계를 망치는 결정적 말실수》라는 책을 펴냈다. 그는 여러 해 스피치 강의를 했는데, 이 책에 수강생들로부터 얻은 사례를 풍부하게 소개했다.

그는 수강생들에게 '나에게 가장 큰 상처를 남겨준 말'을 적어 내달라고 했다. 몇백 명의 사례를 분석하니 공통점이 있었다. 첫째, 가장 크게 상처받은 말은 대부분 부모나 친구처럼 가까운 사람에게 들었다. 둘째, 자존감을 무너지게 만든 말이 마음에 깊이 박혔다. 셋째, 하도 흔한 말이어서 그냥 흘려들어도 될 것 같은 말에 사람들은 뜻밖에 큰 상처를 받았다. 예를 들어 이런 식이다.

"너는 왜 그것밖에 안 되니?"
"그게 바로 너의 한계야."
"너, 그렇게 해서 뭐가 될래?"
"너는 왜 그렇게 답답하게 사냐?"
"네가 그러니까 이러고 있지."
"내가 너를 왜 낳았는지 모르겠어."

나도 이런 경험을 했다. 중학생 때 일이다. 그 시절에는 '자유 교양대회'라고 해서 학교 대항 독후감 경연대회가 있었다. 담임 선생님이 우리 학급에서 대회에 출전할 학생 몇 명을 뽑았다. 담임 선생님은 대회 준비 요령을 설명한 다음에, 이번 기회에 교양 서적들을 구매하여 학급 문고를 멋지게 꾸며보자고 제안했다. 그랬다가 며칠 뒤 구매 계획을 취소하겠다고 했다. 학교에서 학부모 상대로 잡부금을 걷는다고 문제 될 가능성을 염려했던 것 같다. 나는 선생님이 구매 계획을 취소하겠다고 말할 때 살짝 반색하며 "네, 좋아요"라고 했다. 어린 마음에 집안 형편이 어려운데 집에 가서 책값 타낼 일을 걱정하다가 그 부담이 덜어지자 반가웠다. 자기 계획이 틀어져 속이 상하던 담임 선생님은 그 순간 나를 향해 "네 정체를 이제야 알았다"라며 쏘아붙였다. 여러 학생 앞에서 내가 마치 학급 전체의 일에 관심이 없고 자기 생각만 하는 아이인 것처럼 만들어버린 그 말에 나는 상처를 받았다. 몇십 년 전 일인데도 이렇게 생생하게 기억하는 것을 보면 상처가 작지 않았던 모양이다.

세상을 살아가면서 사람들은 뜻밖에 말실수를 많이 하며 그럼으로써 치명적인 타격을 입는다. 미국 리더십 교육업체인 바이탈 스마츠(Vital Smarts)가 2016년에 직장인 775명을 대상으로 직장 내 말실수에 대해 설문조사를 했다. 응답자 중 83%는 동료가 경력, 평판, 업무에 파멸적인 결과를 가져올 말을 하는 것을 목격했다. 응답자 중 69%는 본인이 이런 실수를 한 적이 있다고 했다. 사람들은 순간적인 말실수 때문에 혹독한 대가를 치렀다. 31%는 승진과 임금 인상, 일자리를 놓쳤다고 대답했다. 27%는 업무 관계가 악화하거나 더는 업무를 진행할 수 없게 됐다. 11%는 자신에 대한 직장 내 평판이 나빠졌다고 응답했다. 바이탈 스마츠의 연구 담당 부사장 데이비드 맥스필드(David Maxfield)는 직장에서 아무런 대비를 하지 않고 개인 의견을 표시하거나 말실수를 하면, 그것이 그 사람 진짜 얼굴인 것처럼 인식되기 쉽다고 설명했다. 평소 나름대로 이미지를 관리했던 것이 말실수를 저지른 순간 무너져버린다는 이야기다.

말실수는 내용으로 볼 때 상대방에 대한 배려와 공감이 부족한 경우와 말하는 사람이 무지와 편견에 사로잡힌 경우로 나눠볼 수 있다. 다시 박진영 씨가 책에 소개한 사례다. 여성 회사원 아무개 씨는 남편의 말에 큰 상처를 받았다고 했다.

"어느 날 회사 회식이 늦게 끝나서 남편에게 전화했어요. 많이 늦어서 무서우니까 집 앞으로 마중 나와주면 안 될까? 그랬더니 남편이 '뭐 하러 나가? 그냥 혼자 들어와. 당신은 귀신도 안 잡아가니까 걱정하지 말고 와'라고 했어요."

귀신도 잡아가지 않는다는 말은 아내 외모가 볼 게 없다는 뜻이다. 어디 밖에 나가서도 하지 말아야 할 말을 아내한테 했으니 얼마나 큰 상처가 되었겠는가. 함께 사는 가족을 배려하지 않고 무시하는 마음이 있었기에 그런 말실수가 튀어나왔으리라.

다음은 언론이 말실수한 사례다. 2014년 4월 16일 발생한 세월호 침몰 사고는 우리 사회에 엄청난 충격을 주었다. 이때 언론이 오보, 과장 보도, 검증되지 않은 속보 경쟁, 선정적 보도를 해서 비판받았다. 당시 한 방송사 앵커가 구조된 단원고 여학생을 인터뷰하면서 이렇게 물었다.

"혹시 친구가 사망했다는 사실을 알고 있습니까?"

앵커가 친구 사망 소식을 직설적으로 전달하자, 여학생은 울음을 터뜨렸다. 가까운 친구의 죽음을 준비되지 않은 상태에서 갑작스럽게, 그것도 공개적으로 전달했으니 관련자가 얼마나 충격을 받았겠는가. 가까운 사람의 불행이나 고통을 알릴 때는 상대방 감정을 고려해 신중히 행동해야 마땅하다.

공직자는 직무상 이와 비슷한 상황을 맞을 수 있다. 미군은 전사자가 발생했을 때, 국방부 장관이 유감과 위로 뜻을 담아 작성한 사망 통지서를 담당 장교가 가정을 방문해 유가족에게 직접 전달한다. 가족이 전사 통지서를 받기 전까지는 언론 브리핑을 유예함으로써 가족이 언론 보도를 통해 비극을 먼저 접하지 않도록 한다. 인간적 불행이나 고통이 담긴 소식을 알릴 때 신중하게 행동해야 함을 일깨우는 사례다.

두 번째 말실수 유형은 무지와 편견을 드러내는 경우다. 공직자나 정치인을 비롯한 공인이 공적인 자리에서 이런 실수를 종종 한다. 흔히 입을 잘못 놀려 생기는 화라고 해서 '설화(舌禍)'라고 표현한다.

이탈리아 실비오 베를루스코니 총리는 버락 오바마가 흑인으로 첫 미국 대통령에 당선되자 "젊고 잘생긴 친구가 선탠을 했네"라고 발언했다. 프랑스 자크 시라크 대통령은 러시아 프랑스 독일 정상들과 회담하는 자리에서 "음식 맛이 형편없는 나라의 사람들은 믿을 수가 없다. 핀란드를 제외하면 영국이 유럽에서 가장 음식 맛이 없다"라면서 특정 국가를 깎아내렸다. 시라크 대통령 말이 유럽 여러 나라 언론에 보도되면서 외교 마찰이 커졌고, 국제행사 유치 득표 경쟁을 벌이던 프랑스는 행사 유치에 실패했다.

여성인 김명자 장관이 환경부를 이끌 때 일이다. 환경부 고위 공무원 한 사람이 기자들과 반주를 곁들여 점심을 하면서 "우리 아키코('명자'의 일본식 발음) 상은 미인" "여자가 안경을 쓰면 50% 이상 매력이 떨어진다"라고 말했다. 이 발언이 언론에 보도되고 고위 공무원은 사직서를 냈다.

고대 그리스 정치가이며 웅변가인 데모스테네스는 "웅변은 은이요, 침묵은 금이다"라고 했다. 구약성서에도 "말이 많으면 허물을 면하기 어려우나 그 입술을 제어하는 자는 지혜가 있느니라"라고 했다. 입을 다물고 있으면 말실수를 하지 않으리라. 그러나 말로 설득하고 말로 공감대를 형성해야 하는 시대에, 어떻게 입을 다물고 지낼 수 있나. 필요한 말은 적극적으로 해야 한다. 말을 하되 실수하지 않는 방법을 찾아야 한다.

학자들 설명을 들어보면 말실수는 단순한 실수가 아니다. 원인이 있다. 본인 가슴속에 품고 있던 생각이 특정한 상황에서 자신도 모르게 튀어나온다고, 학자들은 말실수 배경과 돌출 과정을 설명한다. 그릇된 생각을 품고 있으면 말실수 가능성이 높아진다. 그릇된 생각을 머리에서 지워버리면 말실수가 예방된다. 대화 상대방을 배려하고 공감대를 키우며, 자신의 심성에서 무지와 편견을 없애도록 노력할 필요가 있다.

나도 말실수를 한다. 하지만 말실수의 위험성과 예방 필요성을 마음속으로 늘 되새긴다면 말실수는 분명히 줄어든다. 그것이 말하기 훈련이다.

말하기 훈련을 하면 말실수를 해도 실수했음을 금세 알아차린다. 실수했을 때는 빨리 사과하시라. 자기 잘못을 인정하고 후회를 표시하며 재발 방지를 다짐하시라. 실수와 잘못을 진심으로 인정하고 사과하면 세상은 그 사람에게 기회를 다시 준다.

아부의 기술

표준국어대사전에서는 '아부하다'를 "남의 비위를 맞추어 알랑거리다"라고 풀고 있다. '칭찬하다'는 "좋은 점이나 착하고 훌륭한 일을 높이 평가하다"라고 풀었다. 사전의 뜻으로만 본다면 칭찬이 긍정적인 행위이고, 아부는 매우 나쁜 짓이다. 많은 경우에 아부는 별것도 없는데 남의 비위를 맞추려고 알랑거리거나 심지어 사실을 조작하고 왜곡하여 상대의 눈과 귀를 가리는 행위로 규정되고 있다. '아부꾼' '아첨꾼'이라고 해서 어감이 나쁜 접사 '꾼'을 갖다 붙이기도 한다.

그런데 실제 언어생활은 어떤가. 아부와 칭찬을 엄격하게 가를 수 있나? 아부가 부정적인 행위라면 억제해야 할 텐데, 현실에서 그렇게 할 수 있을까? 아부를 억제한다면 사람들이 더욱 행복해질까?

현실을 보자. 식사에 초대받았으면 음식이 아무리 형편없어도 주인에게 "맛있게 먹었습니다"라고 말한다. 결혼식장에서는 신랑은 멋지고 신부는 아름답다고 말해야 한다. 상가(喪家)에서는 고인이 정말 훌륭한 분이었다고 추모하고 생애를 기려야 한다. 아기 백일이나 돌잔치에서는 "아기가 어쩌면 이렇게 예뻐요"라고 찬탄해야 한다. 이런 행위를 두고 진실을 왜곡했다고 비난할 수는 없다.

시사 주간지 〈타임〉 기자와 편집장으로 활동한 미국 언론인 리처드 스텐걸(Richard Stengel)이 여러 해 전 《아부의 기술》이라는 책을 펴냈다. 고대 이집트 문명에서 로마 시대, 중세, 르네상스를 거쳐 현대사회에 이르기까지 아부의 역사를 깊이 있게 추적했다. 그 결과 다음과 같은 시사점을 찾아냈다.

첫째, 적절한 아부는 조직이나 사회를 하나로 묶는 필수 요소이며 인간관계를 원활하게 해주는 윤활유 역할을 한다. 인간은 다른 사람에게 인정받고 사랑받기를 간절히 원하는데, 아부가 그런 욕망을 충족시켜준다. 그때 기쁨을 느끼면서 인간관계는 더욱 원활해진다. 비록 전적으로 진실하진 않더라도 아부는 우리가 원하는 사회를 만드는 데 도움이 되는 일상적인 예의라고 할 수 있다.

둘째, 아부는 제대로 하려면 노력을 들여야 하는 이타 행위다. 아부는 쉽게 할 수 없다. 제대로 아부하려면 상대에게 관심을 기울여야만 한다. 상대가 처한 상황, 기분, 환경 등을 잘 파악해야 적절한 아부거리를 찾아낼 수 있다. 내가 상대에게 적절하게 아부하면 상대도 나한테 좋은 말을 해주기 마련이다. 누이 좋고 매부 좋은 것이 아부다.

셋째, 세계 역사에는 아부를 예술처럼 멋지게 사용해 주변 사람을 즐겁게 해주고 자신이 원하는 바를 성취하며 인류 문명에 공헌한 인물이 무수히 많다. 지크문트 프로이트, 바바라 월터스, 헨리 키신저, 에이브러햄 링컨, 앤디 워홀, 빌 클린턴, 로널드 레이건, 샤론 스톤, 스티븐 스필버그, 벤자민 프랭클린, 예수 그리스도 등등.

스텐걸은 아부가 나쁜 짓이기는커녕 적절한 아부는 전략적 찬사에 가깝다고 주장했다. 아부와 칭찬은 구분할 이유도 없다. 스텐걸의 견해를 토대로 내 일상생활을 되돌아봤다. 나는 직장에서 팀원들한테 "운동화 새로 사 신었어요? 좋아 보여요" "전문 지식을 발휘했나 봐요. 업무가 달라졌어요"와 같은 덕담을 종종 건넨다. 그럼으로써 상대방을 기분 좋게 해주고 나도 기분이 좋아진다.

아부나 칭찬을 항상 누구에게나 해주기는 힘들다. 내 몸과 마음이 가라앉았을 때 다른 사람 기분을 맞춰준다고 상대방 감정을 살필 여유가 생기겠는가. 칭찬은 고래도 춤추게 한다는 말을 알아도, 그 말을 실천하는 사람이 적은 것은 이런 이유에서다. 아부는 상대한테 관심을 두고 잘 지내보려고 노력하는 적극적인 이타 행위라는 스텐걸 견해가 맞다고 나는 생각한다.

　직장에서 팀원들이 어쩌다 나에게 듣기 좋은 이야기를 해주기도 한다. 그때는 정말 기분이 좋아서 소가 먹이를 되새김질하듯이 그 말을 며칠씩 마음속으로 반추한다. 그 말을 한 팀원은 '일 잘하고 인간성도 괜찮은' 인물로 내 마음에 각인되고 그에 대한 호감이 두 배로 증가함을 느낀다. 아부를 듣고 싫어하는 사람 없다는 말은 절대로 옳다.

　스텐걸은 자연스럽게 아부하고 적절하게 받아주는 아부 기술도 소개하고 있다. 그중 대표적인 것은 첫째, '구체적으로 칭찬하라'다. "정말 대단하십니다!" "최곱니다!"처럼 두루뭉술하게 하지 말고 "당신의 첫 번째 작품이 아주 마음에 들어요. 뉴질랜드에서만 출시되었는데도 벌써 매진이라니, 아주 훌륭하다는 생각이 절로 듭니다!"라고 구체적으로 표현하는 편이 훨씬 좋다고 한다. 맞는 말이다. 무엇을 칭찬하는지 정확하게 찍지 않고 두루뭉술하게 언급하면 입에 발린 공치사, 빈말이 된다. 성의 없어 보인다. 영혼이 없는 칭찬은 칭찬이 아니다. 구체적으로 언급하려면 상대가 하는 일, 상대가 처한 상황을 잘 알아야 한다. 아부하려면 관심과 노력이 필요한 것은 이런 까닭에서다.

　둘째, 당사자가 없는 곳에서 그를 추켜세우기도 괜찮은 기술이다. 아부는 직접 듣는 것보다 다른 사람을 통해 전달받을 때 기쁨이 두 배가 된다. 눈앞에서 좋은 이야기를 해주면 상대방은 꾸며

낸 아부일지 모른다고 의심하기도 한다. 반면에 같은 이야기도 제3자를 통해서 전해 들으면, 거짓말을 할 이유가 없다고 느끼기 쉽다.

셋째, 조언 구하기도 아부의 기술 가운데 하나다. "부장님, 이 제품을 선택했으면 합니다만 경험이 풍부한 부장님은 어떻게 생각하십니까?"라고 말이다. 누구나 자기 권위를 인정해주는 사람을 좋아하기 마련이다.

여기까지 아부 일반론을 폈다. 그러면 공직자한테 아부는 무엇이며 어떻게 활용해야 할까? 공직자는 무엇보다 국민에게 적극적으로 아부하겠다는 자세를 가져야 한다. 모든 권력은 국민으로부터 나온다. 국민은 세금을 부담함으로써 주권자로서 책임을 다한다. 국가는 국민 세금을 토대로 관료기구를 운영한다. 다소 봉건적인 표현이지만 공직자를 공무를 맡은 심부름꾼이라는 뜻에서 '공복(公僕)'이라고 부르기도 한다. 심부름꾼인 공직자는 주권자인 국민을 확실히 대접하고 국민한테 적극적으로 아부할 필요가 분명히 있다. 위대한 국민이라는 말을 싫어하는 국민은 없다. 민주주의 국가의 국민은 모두 칭찬받기를 원하며 그럴 자격이 있다.

공직자가 국민을 상대로 아부하기로 말할 것 같으면 미국 대통령들이 단연 한 수 위다. 지미 카터 대통령은 기도문에 "우리 행정부가 미국의 시민만큼 훌륭하기를 기원합니다"라는 표현을 자주 사용했다. 그 기도문은 국민이야말로 선과 품위를 논하는 가장 훌륭한 기준이라고 극구 칭찬하고 자신이 이끄는 행정부를 낮췄다. 로널드 레이건 대통령은 "미국인의 지혜를 믿었을 때 저는 한 번도 실패한 적이 없습니다"라고 입버릇처럼 말했다. 그는 연설할 때마다 미국 국민이 지닌 미덕과 본질적인 선을 찬양했다. 빌 클린턴 대통령은 백악관 인턴인 모니카 르윈스키와 부적절한 관계를 맺은 르윈스키 스캔들 때문에 탄핵청문회 개최 여부를 의회가 투표하던 날 "저는 우리 국민의 지혜를 신뢰합니다. 지난 200년간 미국인은 항상 지혜를 올바르게 사용했습니다"라고 말했다.

공직자는 국민을 상대로 행사를 하거나 정책을 발표하거나 안내문을 보낼 일이 많다. 우리 공직자들도 '존경하는 국민 여러분' '존경하는 시민 여러분' '존경하는 구민 여러분' '존경하는 주민 여러분'은 한다. 대개 거기까지다. 그 자리에 모이거나 대상이 된 국민이 어떠한 존경할 만한 지식과 경륜, 품격, 미덕 따위를 갖췄는지 알아보고 그것을 연설문이나 인사말에 담으려는 구체적인 노력을 하지 않는다. 의례적으로 존경한다고 해봐야 누가 감동하겠는가.

미국의 전설적인 여성 방송 진행자 바바라 월터스는 미군 장성 출신으로 국무장관을 지낸 콜린 파월을 토크쇼 게스트로 섭외하려고 다음과 같은 편지를 보냈다.

"존경하는 장군님! 저는 장군님의 책이 잘 진행되기를 간절히 바라고 있으며, 언제 인터뷰할 수 있을지 그날을 학수고대하고 있습니다. 저희는 인터뷰에 상당히 많은 시간과 관심을 쏟고자 합니다. 또한 수많은 시청자들이 장군님과의 인터뷰를 애타게 기다리고 있습니다. 이번 인터뷰가 곧 출간될 장군님의 책을 보다 멋지게 알릴 수 있는 좋은 기회라고 감히 장담합니다."

게스트 섭외를 위해 얼마나 공들여 아부하고 있는지 잘 알 수 있다. 이것이 프로 정신이다. 우리 공직자들도 정책 자문위원이나 행사 발표자, 공청회 패널을 비롯해 사람을 섭외할 일이 많다. 편지를 써야 하고 전화도 해야 한다. '존경하는 아무개'로 시작되는 상투적 표현을 넘어서보자. 표현 솜씨가 부족하면 노력해서 실력을 키워야 한다. 공직자는 국민에게 그리고 정책 고객한테 더욱 적극적으로 아부할 필요가 있다.

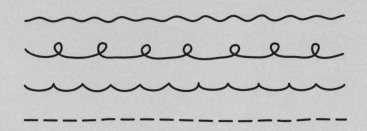

3부

글쓰기,
일 잘하는 공직자의 무기

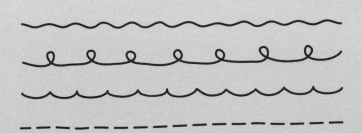

공직자여, 글을 써라

　홍선표 〈한국경제신문〉 기자가 《최고의 리더는 글을 쓴다: 1퍼센트 리더들의 성공 습관》이라는 책을 냈다. 이 책에서 저자는 빌 게이츠 마이크로소프트 창업자, 제프 베이조스 아마존 창업자, 워런 버핏 버크셔해서웨이 창업자, 일론 머스크 테슬라 창업자와 같이 세계 최고의 부를 일군 신흥 기업가들을 탐구했다. 결론을 소개하면, 이들은 문필가가 아니라 기업가인데도 글을 썼기 때문에 목표를 빨리 달성하는 데 성공했다. 이들이 글을 쓰지 않았다면 지금 자리에 오르기까지 시간과 노력을 훨씬 많이 들였어야 했다.

　세상에서 자기 혼자 능력을 출중하게 발휘해 이뤄낼 수 있는 일은 많지 않다. 세상일을 도모하려면 사람들과 함께 일하는 것이 중요하며, 그때 사람들이 공동 목표를 향해 나아가도록 설득하는 능력이 필요하다. 위에 소개한 기업가들은 글로 사람들의 공감과 지지를 끌어냈다. 홍선표 기자는 성공한 기업가들이 글을 쓰는 이유를 다섯 가지로 정리했다.

첫째, 지지와 힘을 모으기 위해 쓴다(설득).
둘째, 판단을 내리기 위해 쓴다(판단력).
셋째, 남과 다른 나를 위해 쓴다(브랜딩).
넷째, 상품을 팔기 위해 쓴다(마케팅).
다섯째, 목표를 달성하기 위해 쓴다(목표).

공직자도 다를 바 없다. 공직자가 공무를 수행하려면 좁게는 이해관계인이나 민원인을, 넓게는 국민을 설득하고 공감과 지지를 끌어내야 한다. 공무를 일방적으로 결정하고 밀어붙이려고 하면 마찰을 빚기 쉽다. 정책자료든 설명문이든 정책 광고 문안이든 모든 설득 과정에 글은 필수 도구다(설득). 글로 생각을 정리해본 사람은 안다. 모호하던 생각이 명확해지면서 눈앞에서 안개가 환하게 걷히는 체험 말이다. 공직자도 글을 써야 판단이 명확해진다(판단력). 요즘 공무 수행은 상품시장 원리에서 배워야 한다. 남과 다른 고유 브랜드를 개발하고 정책을 널리 알려야 한다. 글을 잘 쓰면 정책을 널리 홍보하기 쉽다(브랜딩과 마케팅). 공직자 인생은 소중하다. 개인 목표가 없을 수 없다. 공직자로서 도전하

일 잘하는 공무원은 문장부터 다릅니다

고 밀고 나갈 목표를 세우는 데 글쓰기가 효과적이다. 자기 목표를 길게 말고 한 장짜리 글로 작성해보시라(목표). 이 정도면 기업인과 마찬가지로 공직자도 글을 써야 함이 명백하지 않은가.

공직자 인생도 성공해야 한다. 그러려면 글을 대충 쓰지 말고 잘 써야 한다. 자기 혼자 볼 일이나 메모, 에세이 말고도 보고서, 백서, 안내문, 해명자료, 보도자료, 인사말, 홍보 책자 등 공직자가 업무상 써야 할 글은 가짓수도 많다. 생각해보시라. 공직자는 직무를 말로 수행하지 않는다. 말보다는 문서로, 즉 글로 하는 경우가 훨씬 많다.

그런데 많은 공직자가 글쓰기를 힘겨워한다. 개조식 보고서는 어찌어찌 쓴다 치고 서술형 보고서를 쓰라고 하면 쩔쩔매는 사람이 수두룩하다. 그밖에 백서, 안내문, 해명자료, 보도자료, 인사말은 말할 나위가 없다. 실제로 글을 잘 쓰지 못하니 글쓰기 과제가 떨어지면 한숨을 쉬고, 어떻게든 상황을 모면하려고 한다.

공직자 여러분! 너무 괴로워하진 마십시오. 글을 쓰지 못하기로 말하면 공직자만이 아니다. 기업에 근무하든, 사업을 하든 우리나라 성인 대다수는 글을 잘 쓰지 못하고 글쓰기를 힘겨워한다. 똑같은 문제로 가슴앓이를 하고 있다.

성인들이 글을 쓰지 못하게 된 데는 이유가 있다. 글은 거짓으로 꾸미지 말고 있는 그대로 써야 한다. 자신이 겪거나 본 일을 겪은 대로 본 대로 느낀 대로 적어야 좋은 글이 된다. 문장 기법과 표현 기술은 그다음 문제다. '정직함이 최선의 정책'이라는 서양 속담이 있는데, 이 말은 글쓰기에도 딱 들어맞는다. 그런데 과거 우리 국어 교과는 초등학교에서부터 '글짓기'라는 이름으로, 글을 꾸며내라고 요구했다. 있는 그대로, 본 그대로를 적어 옮기는 일도 처음에는 쉽지 않은데 뭔가를 '지어내야 한다'니 아이들한테 얼마나 힘들겠는가. 그 시절에는 '저축을 열심히 하자' '수출로 나라를 세우자' '식량을 증산하자' '물자를 절약하자' '불조심'과 같이 국가적 주제를 내건 글짓기 대회가 성행했다. 저축 캠페인에 관한 글짓기를 하면 한 푼 두 푼 돼지 저금통에 용돈을 모으는 사례를 없어도 꾸며내거나 마음에 없는 각오를 꾸며내어 적어야 했다. 이런 행사를 통해 억지춘향으로 주제에 호응하는 글을 꾸미고 지어내면서 아이들은 글쓰기를 더욱 싫어하게 되고 자신감도 잃게 됐다.

중·고등학교 교육 과정도 문제였다. 국어 교과에서는 구개음화, 두음법칙, 자음접변, 기승전결, 두괄식, 미괄식, 직유법, 은유법, 풍유법 따위의 전문용어를 가르쳤다. 그런데 동서고금 명문장가들이 쓴 글을 놓고, 위에서 열거한 전문용어를 적용하여 분석해보는 시험문제 풀이를 주로 했지, 실제로 내가 글을 쓸 기회는 없었다. 중·고교 과정쯤 되면 어떤 주제를 놓고 함께 토의한 뒤 토의 결과를 글로 정리하는 훈련도 할 법한데 말이다.

내가 신문사 논설위원을 할 때, 고3 수험생인 자식 대학입시 논술 준비를 돌보다가 충격을 받았다. 그때나 지금이나 글쓰기는 자기 생각을 다른 사람한테 가장 쉬운 방법으로 전달하는 것이 가장 좋다고 나는 생각한다. 대입 현실은 달랐다. 대입 논술에서 점수를 잘 받으려면 어떻게든 현란한 수사법과 인용구를 동원해 글을 꾸며야 했다. 생각을 쉽게 전달하기 위해 노력해야 마땅한 데, 그와 달리 겉보기에 그럴싸하도록 글을 꾸미는 경쟁을 하고 있으니 이만저만한 잘못이 아니었다.

우리나라 공무원은 다른 분야와 비교해 글 쓰는 일이 더욱 적다. 공무원은 헌법과 법률에 따라 정치적 중립 의무를 엄격하게 지켜야 한다. 공무원은 업무를 통해 특정 정치세력을 편들면 안 된다. 하지만 정치 중립을 지키는 것과 정책에 대한 주관과 소신을 유지하는 것은 전혀 다르다. 공무원은 정책 철학을 유지하고 발전시켜야 한다. "공무원은 영혼이 없다(또는 없어야 한다)"라는 말은 잘못된 말이다. 공직자의 정책 철학을 존중하는 문화가 확립되어 있지 않다 보니, 공직자가 어떤 관점을 표현했다가 정치적으로 공격당하는 일이 잦다. 우리나라 공직자는 움츠리게 됐다. 공직자들은 되도록 글을 쓰지 않으려 했고, 글을 쓰지 않으니 더욱 못 쓰게 됐다. 공직자가 글을 제대로 쓰지 못하게 된 첫 번째 이유다.

둘째, 일부 공직자들은 태도가 안이했다. 지방자치단체를 비롯해 행정기관에서는 업무 백서와 정책 안내문, 홍보자료를 만들어

낼 일이 많다. 많은 경우 공무원들이 원고를 직접 쓰지 않고 업체에 용역을 맡긴다. 용역 예산이 있으니 공무원이 굳이 수고하지 않아도 된다고 여겨서일지 모르겠다. 하지만 업무 내용을 누구보다 잘 아는 담당 공무원이 원고를 쓰지 않고 용역 업체에 맡기면 설득력 있는 글이 나올까? 편집과 디자인, 인쇄 제본 공정은 몰라도 원고 작성까지 업체에 맡기는 것은 아무래도 적절하지 않다.

외국은 공직자의 글쓰기 문화가 우리와 다르다. 미국에서는 대통령이나 부통령, 장관, 국회의원이 현안에 관해 신문에 기고하는 문화가 일반화돼 있다. 장관은 정책 정당성을 알리기 위해 자기 철학을 담고 흥미로운 에피소드도 담아 힘주어 글을 쓴다. 유력한 신문들은 장관 기고를 좋은 콘텐츠로 간주하고 적극적으로 유치한다. 조 바이든 대통령은 당선인 시절에 흑인 4성장군 출신인 로이드 오스틴을 국방장관에 지명한 이유를 〈애틀랜틱〉이라는 매체 기고를 통해 밝혔다. 바이든 대통령은 취임 뒤 유럽 방문을 앞두고 중국 견제를 위해 유럽 나라들이 협력해달라는 취지의 글을 〈워싱턴 포스트〉에 기고했다. 토니 블링컨 국무장관과 로이드 오스틴 국방장관은 동아시아 순방을 앞두고 〈워싱턴 포스트〉에 공동 기고문을 실었다.

우리나라에서는 고위 공직자가 기고문을 쓰려고 하지 않고 유력 신문들이 공직자 기고를 반기지도 않는다. 공직자 쪽에서는 발표하는 글을 워낙 안 써봐서 익숙하지 않고, 신문사 쪽에서 볼

　　일 잘하는 공무원은 문장부터 다릅니다

때는 공직자 기고 가운데 개성 있는 글을 별로 못 봐서 그러는 것이 아닐까 싶다. 우리도 고위 공직자들이 글에 정보와 논리, 지적 통찰력을 두루 담아 정책을 설명하고 설득하는 풍토가 조성되면 좋겠다.

공직자는 글을 써야 한다. 지금은 정부기관이 권력이나 예산을 휘둘러 목적을 달성하는 시대가 아니다. 정책 관계인, 즉 국민을 설득하고 지지와 공감을 모아나가야 한다. 말과 글을 통하지 않고 어떻게 문제를 해결하며 합의를 이뤄낼 수 있겠는가. 요즘 시대의 공직자는 말을 하고 글을 쓰는 사람이어야 한다.

명료하게 써라

　나는 신문기자로 15년차가 되었을 때 회사 대표이사를 보좌하는 비서부장으로 발령받았다. 기자로서 취재를 다니고 기사만 쓰다가 처음으로 경영 영역 업무를 하게 됐다. 초보 비서부장 때 일이다. 대표이사에게 업무 보고를 하러 들어가는 것이 무엇보다 힘들었다. 나름대로 충실하게 너덧 장씩 보고서를 만들어 들고 가면, 대표이사는 "이걸 누가 읽으라고 하는 거냐"라며 얼굴을 찡그렸다. 되돌아 나와 보고서를 간추리고 또 간추렸다. 한 장짜리로 압축한 다음에야 대표이사는 보고를 받았다. 흔히 '원 페이지 리포트(one page report)'라고 부르는, 보고 내용을 한 장짜리 문서로 압축하는 훈련을 비서부장 시절 1년 6개월 동안 했고, 그것이 이후에 두고두고 도움이 됐다.

　한 장짜리 보고서를 만들려면 여러 가지 내용을 담겠다는 욕심을 버려야 한다. 핵심 메시지 한 가지에 집중하고 곁가지는 모두 걷어내야 한다. 대면이든 비대면이든 한 차례의 기회에 오직 한 가지 메시지만을 전달하겠다고 생각해야 한다. 이렇게 각오하고 쓰면 글이 명료해진다.

강미은 숙명여자대학교 교수는 《논리적이면서도 매력적인 글쓰기의 기술》이란 책에서 미국 유학 시절 지도교수에게 받은 훈련 경험을 소개했다. "지금 말하고자 하는 내용을 25개 단어 이내로 요약해보라." 그의 지도교수는 박사 논문 주제도 장황한 설명을 빼고 25개 단어 이내로 요약해보라고 했다. 아무리 내용이 복잡해도 25개 단어 이내로 요약할 수 없는 내용은 없다고 했다. 아울러 자기 어머니가 이해할 수 있도록 말해보라고 요구했다. 논문 주제가 아무리 복잡하고 방대해도 25개 단어 이내로 요약해 어머니에게 이해시킬 수 없다면 논문 주제에 잘못이 있어서라고 했다. 학생들은 수업 시간에 토론이나 질의응답을 할 때도 25개 단어 이내로 핵심을 전달하려고 '25 단어' 연습을 열심히 했다고 한다.

나는 좋아하는 작가들이 있다. 그분들이 신문에 쓴 칼럼을 열심히 읽고 그분들이 낸 작품집을 주문해서 읽는다. 그분들이 쓴 멋진 글을 읽으면서 재미를 느끼고 웃음 지으며 감동받는다. 나는 왜 문장을 맛깔나게 부려 쓰지 못할까라고 그분들을 부러워하며 나의 재주 없음을 한탄하기도 한다. 거기까지다. 나는 화려하고 멋진 글보다는 명료하게, 간결하게, 쉽게 글을 쓰는 데 집중하기로 진작 마음먹었다. 공직자도 마찬가지 아니겠는가. 공직자가 공무상 작성하는 글은 조직 내부에서 소통하거나 관련 기관 또는 국민을 상대로 공무를 수행하기 위해서다. 문필가로 등단할 생각도 아닌데 글을 화려하게 꾸미려고 애쓸 이유가 없다. 공직자는 무엇보다 명료하게, 간결하게, 쉽게 글을 쓰기 위해 노력해야 한다.

나는 신문사 일을 마치고 국방홍보원이라는 곳에서 일했다. 이곳에서는 〈국방일보〉, 국방TV, 국방FM, 국방 뉴미디어(유튜브 등)를 두루 운영한다. 하루에도 몇백 꼭지씩 기사와 프로그램, 뉴미디어 영상물을 내보내다 보면 독자와 시청자로부터 흠을 지적받는 일이 드물지 않게 생긴다. 나는 그럴 때마다 신속하게 해명문을 작성해 기관 홈페이지(누리집)나 SNS에 내걸도록 했다. 해명문은 문제를 있는 그대로 인정하고, 흠결을 신속하게 고쳤음을 또는 고칠 계획임을 밝히도록 했다. 해명문에 군더더기가 있으면 그것이 꼬투리 잡혀서 새로운 오해와 억측을 부르기 쉽다. 해명문은 작성한 사람의 의도와 읽는 사람의 의도가 일치하도록 최대한 명료하게, 간결하게, 쉽게 써야 한다.

강원국 작가는 김대중 정부와 노무현 정부 청와대에서 8년 동안 연설비서관실 행정관과 비서관으로 일했다. 대통령의 말과 글을 다듬은 연설문 전문가로 최고였다. 강 작가는 《대통령의 글쓰기》라는 책에서 요점을 한 줄로 명확하게 정리할 수 있어야 좋은 글이라고 했다. 필자의 생각과 독자의 생각이 같아야 좋은 글이며, 열이면 열 사람 모두 같은 내용으로 요점 정리를 한다면 만점이라고 했다. 그는 간결하면서도 명확한 메시지는 다음과 같은 특성을 갖는다고 설명했다.

첫째, 우직한 단순성이 있다. 김영삼 대통령이 한 말, "굶으면 죽는다"는 웃음은 나오지만 얼마나 명쾌한가. 선거 구호에도 이런 게 많다. '못 살겠다. 갈아보자.'

둘째, 꾸미고 에두르지 않는다. 깐죽깐죽 긁지 말고 정면으로 부딪쳐 돌파하시라. 성철 스님은 "산은 산이요, 물은 물이로다"라고 말했다. 바로 이런 말이다. 스스로 확신하지 않으면 이런 말을 할 수 없다.

셋째, 모호함이 없다. 글을 쓰는 목적 가운데 하나는 불확실한 것은 확실하게, 애매한 상황을 명료하게 정리하는 데 있다. 이것을 거스르면 어떻게 되겠는가. 미국 국민 작가 마크 트웨인은 "정확한 단어와 비교적 정확한 단어는 번갯불과 반딧불만큼이나 차이가 난다"라고 했다.

넷째, 구체적이다. 추상적이고 관념적인 표현보다는 살면서 겪는 구체적인 말로 얘기해야 읽는 사람, 듣는 사람이 더 공감한다. 복지를 확충하겠다는 말보다는 "최소한 돈이 없어 병원에 못 가고 끼니를 걱정하는 일이 없도록 하겠다"라고 말하면 더 와닿는다.

다섯째, 강력하다. 귀를 사로잡고 마음을 움직인다. 기억에 남고 깊은 인상을 준다.

명료하고 간결하고 쉽게 쓰기가 말처럼 쉽지는 않다. 글을 단순하고 명확하게 쓰려면 어떻게 해야 할까? 첫째로, 목적과 전달하려는 바가 분명해야 한다. 내 경험에 비춰보면 토의를 충분히 하면 모호성을 걷어내고 생각을 분명하게 정리하기 쉬웠다. 둘째, 한꺼번에 도랑 치고 가재도 잡으려는 욕심을 버려야 한다. 글을 통한 의사소통은 생각보다 쉬운 일이 아니다. 한 번에 한 가지만 전달하면 성공이다. 셋째, 최종 순간에는 독자를 믿어야 한다. 내가 할 도리를 다하면 나머지는 독자가 판단할 몫이라고 여기고 어깨에서 짐을 내려놓아야 한다. 그래야 글에서 군더더기가 사라지고 간명한 표현을 쓰게 된다.

《동물농장》과 《1984》를 쓴 작가 조지 오웰(George Orwel)은 일찍이 대영제국 경찰간부로 식민지 버마에서 근무하다가 "고약한 양심의 가책" 때문에 경찰직을 사직한 뒤 자발적으로 파리와 런던 하층계급 세계에 뛰어들어 그 체험을 바탕으로 글을 발표했다. 스페인에 프랑코 파시즘이 등장하자 민병대로 스페인 내전에 자원해 참전했고 《카탈로니아 찬가》를 펴냈다. 그는 목적의식을 갖고 현장에 뛰어들었으며 체험을 토대로 생생한 글을 써냈다. 그는 "(자신의) 신념에 관하여 남들이 들어주기를 바랐고 이를 위

일 잘하는 공무원은 문장부터 다듭니다

해 글쓰기를 예술로 만들고자 했다"라고 설명했다(《나는 왜 쓰는가》, 1946).

글쓰기를 예술로 만드는 방법이 뭘까? 오웰은 간결하고 평이하면서도 정확한 문체를 원칙으로 내세웠다. 오웰은 〈정치와 영어〉라는 에세이에서 다음과 같이 밝혔다.

첫째, 익히 봐왔던 비유는 절대 사용하지 않는다.
둘째, 짧은 단어를 쓸 수 있을 때는 절대 긴 단어를 쓰지 않는다.
셋째, 빼도 지장이 없는 단어가 있으면 반드시 뺀다.
넷째, 능동태를 쓸 수 있으면 수동태를 절대 쓰지 않는다.
다섯째, 외래어나 과학용어나 전문용어는 그에 대응하는 일상어가 있다면 절대 쓰지 않는다.
여섯째, 너무 황당한 표현을 하게 되느니 이상의 원칙을 깬다.

나는 공직자가 글을 명료하게, 간결하게, 쉽게 써야 한다고 주장했다. 문필가로 등단할 생각이 아니라 국민을 상대로 공무를 수행하기 위해서라면 간단명료함이 최고다. 심지어 세계적 문필가인 조지 오웰도 간결함을 글쓰기 원칙으로 내세우고 있다.

입에 딱 붙는 메시지를 찾아라

미국 스탠퍼드대학교 경영대학원에서 조직행정론 교수로 일하는 칩 히스(Chip Heath)와 경영 컨설턴트로 활동하는 댄 히스(Dan Heath) 형제가 여러 해 전에 《스틱!》이라는 책을 펴냈다. '스틱(stick)'이란 평생 기억에 남는 말, 사지 않고는 못 견디게 만드는 광고, 마음을 사로잡는 이미지 등 어떤 메시지가 사람 뇌리에 딱 꽂히는 현상을 뜻한다. 히스 형제는 이 책을 통해 사람 뇌리에 딱 달라붙는 스티커 메시지의 특성을 연구해 소개했다. 책에 나오는 에피소드 한 가지를 좀 길지만 인용하겠다.

내 친구의 친구 데이브는 출장을 자주 다닌다. 얼마 전 데이브는 고객과 중요한 미팅이 있어 애틀랜틱 시에 들렀다. 약속을 마치고 비행기 시간까지 여유가 좀 남자 그는 시간을 때우려고 근처 술집에 들어갔다.

첫 번째 잔을 막 비운 찰나, 갑자기 어떤 눈부신 미녀가 다가오더니 그에게 두 번째 잔을 사주고 싶다며 말을 걸어왔다. 데이브는 그 여자의 제안에 깜짝 놀랐지만 조금 우쭐한 기분이 들었다. 좋다고 대답하자 미녀는 바에 가서 술잔 두 개를 들고 돌아왔다. 한 잔은 데이브를 위해 그리고 다른 한 잔은 자기 자신을 위해. 데이브는 여자에게 고맙다고 말한 다음 술을 들이켰다. 그리고 그것이, 그가 기억하는 마지막 장면이었다.

다음 날 아침 어리둥절한 상태로 눈을 떴을 때 그는 호텔 욕조 안에 누워 있었고 욕조에는 차가운 얼음이 가득 차 있었다. 데이브는 여기가 어디인지 그리고 어쩌다 이렇게 된 건지 의아해하며 정신없이 사방을 두리번거렸다. 그러다 쪽지 하나를 발견했다.

"움직이지 말 것! 911에 전화하시오."

욕조 옆 작은 탁자 위에 휴대전화가 놓여 있었다. 데이브는 전화기를 집어 들고 911을 눌렀다. 얼음 때문인지 손가락이 뻣뻣하게 굳어 잘 움직이지 않았다. 교환원이 전화를 받았다. 이상하게도 그녀는 지금 데이브가 처한 상황에 꽤 익숙한 것 같았다. 교환원이 말했다.

"선생님, 등 뒤로 손을 뻗어보세요. 천천히 조심스럽게요. 혹시 허리에서 튜브가 튀어나와 있나요?"

데이브는 불안감에 떨며 등 뒤를 더듬거렸다. 그랬다. 튜브가 만

져졌다.

교환원이 말했다.

"놀라지 말고 제 말 잘 들으세요. 선생님은 어젯밤 신장을 도둑맞으신 겁니다. 요즘 이 도시에서 장기 절도 조직이 활동 중인데 유감스럽게도 선생님이 피해를 입으신 것 같습니다. 지금 즉시 응급요원을 보내드릴 테니 그 사람들이 도착할 때까지 절대로 움직이지 마십시오."

이 이야기는 미국에서 유행한 괴담 가운데 하나다. 이 이야기는 몇백 가지 변형된 버전이 있다. 예컨대 라스베이거스에 갔다가 호텔 방으로 부른 매춘부에게서 술을 받아 마셨다거나 하는 식이다. 첫째 약을 탄 술, 둘째 얼음으로 가득 찬 욕조, 셋째 신장을 도둑맞았음을 알려주는 충격적인 결말은 동일하다. 이 이야기를 읽고 한 시간쯤 지나서 친구에게 이야기를 전달해보시라. 주인공이 친구의 친구인지, 도시가 애틀랜틱인지 어디인지는 잊어버리더라도 앞의 세 가지 이야기 구조는 정확히 전달할 것이다. 이 괴담이 사람 뇌리에 딱 달라붙는 메시지이기 때문이다.

내가 볼 때 미국 '신장 도둑질 괴담'은 이야기가 단순하면서도 의외성이 있고, 추상적인 어휘는 하나도 없이 구체적인 사실(팩트)로 구성되어 있으며 흥미를 더하는 스토리텔링 구조를 갖추고 있다. 히스 형제는 앞의 사례에서 시작하여 수많은 동서고금의 메시지를 분석하고 뇌리에 딱 달라붙는 스티커 메시지의 특성들을 찾아냈다. 히스 형제가 한 연구 결과는 사업체를 운영하거나 상품 광고를 한다거나 문학 글쓰기를 한다거나 다양한 경우에 두루 참고할 가치가 있다.

공직자의 글쓰기에서도 뇌리에 딱 달라붙는 스티커 메시지는 반드시 개발해야 한다. 이를 위해 나는 세 가지를 강조하고 싶다.

첫 번째는 단순함이다. 소통에서는 단순함이 복잡함을 이긴다고 했다. 김대중 대통령은 그 의미를 정확히 알았다. 그는 연설문 작성팀에게 "단순화해라. 많은 것을 전달하려는 욕심을 버려라. 한두 가지로 선택하고 거기에 집중하라"고 늘 주문했다. 김영삼 대통령은 "닭의 모가지를 비틀어도 새벽은 온다"와 같이 간결한 명언을 만들어냈다. 단식하는 정치인을 찾아가서는 "굶으면 죽는다"라고 말했다.

단순하게 글을 쓰려면 한 문장에 하나의 메시지만 담아야 한다. 문장은 짧고 주어 술어 관계가 간명한 홑문장(단문)을 많이 쓰는 것이 좋다.

개조식 보고서에서는 첫 줄에 적을 개요문(주제문)을 정확하게 잡는 데 힘을 쏟아야 한다. 문서를 작성할 때 어떻게 꾸며 쓸지를 생각하기에 앞서 무엇을 쓸지를 결정하시라. 쓸 내용을 죽 메모로 나열해놓고 그 가운데 핵심만을 추려서 한 문장으로 정리하면 개요문이 된다.

개요문을 잡은 다음에 다시 그것을 하나의 어휘 또는 구절로 압축하면 제목이 된다. 제목은 국민을 상대로 정책 사업을 할 때 사업 명칭이 될 때가 많다. 국민이 사업을 수용하도록 하려면 무엇보다 설명이 쉬워야 한다. 사업 명칭을 잘 잡아야 사업을 설명하기 쉽다. 오래전 현대그룹 정주영 회장이 정당을 창당하고 대통령 선거에 도전했을 때 '반값 아파트 공급' 공약을 내걸었다. 쉽고 구체적인 한마디로 정책 내용을 설명해주는 힘이 있었다.

두 번째 원칙, 추상적 표현을 피하고 구체적으로 써라. '반값 아파트 공급' 대신에 '서민 주거환경 개선' '주택시장 안정 대책'이라고 쓴다고 치자. 추상적인 어휘를 사용한 후자는 설득력이 훨씬 떨어진다. 추상적 개념을 담은 표현보다는 구체적으로, 사실 중심으로 기술할 때 전달 효과가 커진다.

공직자가 정책을 전달하려고 글을 쓸 때 주의할 점이 있다. 함부로 '큰 뜻'을 펼치려 하지 말고 되도록 '작게 말하기'를 선택하라. 예를 들면 '국가와 민족을 위하여'를 읊지 말고 '주민 편의를 위하여' '방문자 편의를 위하여'라고 쓰시라. '공익을 위해서'라고 하지 말고 '이용자 편의를 위해서'라고 쓰시라. 말과 글은 지칭하는 대상을 좁힐수록 공허함이 줄어들고 울림이 커진다.

세 번째 원칙, 글쓰기를 위해 시간과 노력을 투자하시라. 공직자는 흔히 정책 홍보보다는 정책 내용이 중요하다고 생각한다. 부분적으로 맞지만 다 옳지는 않다. 사업을 잘 설계했다고 정책 고객이 저절로 취지를 이해해주리라고 기대하면 안 된다. 사업을 기획하는 데 들인 공과 똑같이 사업을 어떻게 설명할 것인지에도 공을 들여야 한다. 사업을 설명하기 위해 뇌리에 딱 달라붙는 메시지를 찾아내야 한다.

주제 선정부터 퇴고까지, 단계별로 써라

글쓰기는 일반적으로 다음 네 단계로 진행한다. 첫째 주제 선정과 자료 조사, 둘째 얼개 짜기, 셋째 서술하기, 넷째 퇴고하기다. 어떤 글쓰기 지침서든 비슷한 내용을 소개하고 있다. 일반적인 글쓰기 순서와 원리를 알아두자. 공직자가 공무를 수행하는 데 필요한 글쓰기도 마찬가지다.

첫째, 주제 선정과 자료 조사 단계다. 두 과정은 무엇이 먼저이고 무엇이 나중인지를 엄격히 구분하지 않아도 된다. 글 주제를 먼저 선정하고 뒷받침할 자료를 조사하다가 좋은 자료를 찾으면 주제를 조금씩 바꿔도 된다. 기관장 행사 인사말을 준비한다고 생각해보자. 인사말은 격려와 덕담이 중심이기 쉽다. 좋은 자료를 발견함에 따라서 격려의 초점을 바꿔도 아무런 문제가 되지 않는다.

둘째, 얼개 짜기다. 서술형 글쓰기라면 서론-본론-결론으로 나누거나, 기승전결로 구분한다. 결론을 어디에 두느냐에 따라서 두괄식, 미괄식, 양괄식을 활용하기도 한다. 소제목과 단락을 나누고 수집한 자료를 단락에 따라 메모하며 배치함으로써 전체 얼개를 짠다.

얼개 짜기를 하지 않고 자유롭게 글을 쓰고 싶다는 사람도 있다. 얼개를 미리 짜면 틀에 갇혀서 상상력을 자유롭게 발휘하기 어렵다고 주장한다. 언뜻 보기에 그럴싸하다. 실제는 다르다. 나는 신문사 논설위원 시절 사설이나 칼럼을 쓸 때 얼개를 미리 짜놓고 써도 중간에 방향이 흐트러져서 고생한 경험이 많다. 얼개 짜기를 생략한 글쓰기는 설계도 없이 집짓기와 같다. 글 쓰는 중간에 혼란에 빠지거나 부실시공으로 흐르기 쉽다. 대하소설을 쓰는 문인들은 거의 노트 한 권 분량으로 미리 얼개를 짜고 집필한다고 한다. 내 경우 대학원에서 박사학위 논문을 썼는데, 지도교수는 논문 차례(얼개)를 먼저 써서 제출하라고 요구했다. 업무상 보고서든 언론인의 사설, 칼럼이든 학술 논문이든 얼개 짜기는 늘 중요하다. 공직사회에는 장문의 보고서를 작성할 때 장절 편성을 먼저 하라는 말이 있다. 장과 절, 즉 차례를 먼저 작성하라는 말이다. 뜻은 똑같다.

얼개 짜기 단계에서 주제문을 명확하게 잡으면 좋다. 쓰고자하는 핵심 내용을 한 문장으로 압축해 얼개의 맨 앞에 적어두자.

이어 단락에 따라 문제 제기 배경이나 주장과 설명을 뒷받침하는 사례, 근거 따위를 배열하면 된다. 주제문은 서술형 보고서인 경우에 대개 한 문장이 되며, 개조식 보고서에서는 더 축약한 형태로 개요문이 될 수 있다. 주제문은 글의 방향을 분명하게 하고, 글 범위를 좁혀 구체화하며 결론을 미리 정해주는 효과가 있다.

신문기사는 대개 첫머리에 기사 전체 내용을 한 문장으로 압축한다. 신문기사 주제문으로, 보통 '리드(lead)'라고 부른다. 개조식 보고서에서는 맨 앞에 적는 개요가 주제문에 해당한다. 학술 논문도 논문 전체 내용을 몇 문장으로 압축해 첫머리에 개요 형식으로 제시하는 경우가 많다. 업무상 보고서든 신문기사든 학술 논문이든 주제문을 명확히 잡아 첫머리에 제시해야 읽는 사람이 이해하기 쉽다.

셋째, 서술하기다. 내 경험을 빌려 설명하면 서술할 때는 중단하지 말고 한달음에 써 내려가면 좋다. 주제문을 미리 써놓은 다음, 그 주제문의 배경과 근거, 관련 상황, 앞으로 계획, 기대 효과 등을 죽 써보자. 글쓰기는 누에고치에서 명주실을 뽑아내듯이 머릿속에 괸 생각을 풀어내는 과정이다. 글을 쓰다 중단하면 머릿속에 괸 생각이 휘발해버리기 쉽다. 나중에 다시 쓰려고 하면 훨씬 힘들다. 글은 머리가 아니라 엉덩이로 쓴다는 말이 있다. 서술하기를 시작하면 힘들더라도 완성도가 낮더라도 중단하지 말고 끝까지 밀고 나가시라. 초고에 미흡한 부분이 있어도 퇴고 단계에서 얼마든지 보완할 수 있다.

《태백산맥》과 《한강》 《정글만리》 같은 대작을 쓴 조정래 선생은 작품을 집필할 때 외부인 만남을 일절 끊고 집필에만 몰두하는 것으로 유명하다. 새 작품을 기획하거나 취재할 때 몇 달 동안 사람들을 만나러 다니다가, 자료 수집을 마치고 집필 단계에 들어서면 집필실 문을 걸어 잠그고 외부인과 전화 통화조차 하지 않는다. 조 선생은 《황홀한 글감옥》이라는 에세이집을 통해 작가 생활 40년을 정리해 소개했다. 책 제목 그대로 다른 일에 한눈팔지 않도록 자신을 글 감옥에 가뒀기에 빛나는 작품들을 쓸 수 있었지 싶다.

내 경험을 빌려 한 가지 더 서술 방법을 소개하겠다. 말로 해보고 글로 옮기기다. 신문기자를 할 때는 마감 시간에 맞춰 빠른 속도로 기사를 작성해 송고해야 했다. 빨리 작성하더라도 근거와 논리에 빈틈이 없어야 한다. 출입처 기자실에서 같은 신문사 동료들과 기사 작성에 앞서 잠깐씩 말로 토론하면 도움이 많이 됐다. 기사 리드가 잡히고 얼개 짜기도 해결됐다. 글은 말과 별개가 아니다. 글자로 옮긴 말이 글이다. 말로 일단 해보고 글로 옮기면 글이 훨씬 쉬워진다.

대한상공회의소 회장을 지낸 박용만 두산인프라코어 회장이 얼마 전 《그늘까지도 인생이니까》라는 제목으로 인생 산문집을 출판했다. 사진이나 그림을 별로 넣지 않고 400여 쪽을 빽빽하게 원고로 채웠는데 이 책을 불과 18일 만에 썼다고 한다. 코로나19 때문에 개인 약속이 사라진 시절에 밤낮으로 원고 쓰기에 매달렸다고 하지만, 놀라울 정도로 집필 속도가 빠르다. 박 회장은 언론 인터뷰에서 "평소 지인이나 후배들과 술 한잔하면서 하던 이야기들을 글로 옮겼다"라고 설명했다. 역시 말로 해보고 글로 옮기면 쓰기 쉽고 그렇게 쓴 글이 읽기도 쉬운 법이다.

넷째, 퇴고하기다. 공직자 글쓰기는 대부분 문학 글쓰기가 아니다. 공직자 글쓰기는 글쓴이 개성을 드러내기보다는 공무를 정확히 수행하는 것이 목적이다. 실용 글쓰기 성격이 강하다. 실용 글쓰기에서는 글을 혼자 쓰려고 할 필요가 없다. 특히 퇴고를 혼자 하지 말고 조직 구성원과 함께 하는 것이 좋다. 팀 상사 또는 동료와 얼개 짜기부터 토론하고 담당자로서 초안을 쓴 다음에 그것을 놓고 다시 독회(검토 회의, 퇴고 회의)를 거치면 훨씬 나은 글을 쓸 수 있다.

김대중, 노무현 정부 청와대에서 대통령 연설문을 담당했던 강원국 작가가 펴낸 《대통령의 글쓰기》를 보면, 노무현 정부 청와대 시절 연설문 초안을 놓고 연설문 비서관 주관으로 행정관들이 독회를 했다. 초안은 담당 행정관이 쓴다. 비서관과 모든 행정관이 독회 테이블에 앉는다. 컴퓨터 모니터를 함께 보면서 초안을 쓴 행정관이 한 줄씩 읽어나간다. 고치고 싶은 부분이 있으면 누구나 기탄없이 얘기한다. 비서관은 독회 사회를 보는 정도로 개입한다. 독회를 거치면 글 완성도가 높아지고 글쓰기 스트레스가 줄며 사실관계 착오 등 실수를 방지하고 위기관리가 됐다고 한다.

나도 공무원으로 일하면서 독회를 자주 활용했다. 대외적으로 제출할 중요한 문서가 있을 때 담당자가 초안을 쓰도록 하고, 관련된 구성원들을 불러 모아 함께 토의했다. 독회에서는 상호 비판 없이 자유롭게 의견을 펴도록 하되 서로 의견이 다를 때는 주관하는 사람이 결정했다. 편리한 방법이다.

공직자 글쓰기 퇴고 단계에서 최대 주안점은 오자 방지다. 문학적 글쓰기나 개인 수필에서도 오자가 있으면 안 되지만 설령 오자가 있더라도 가벼운 흠으로 치부되고 넘어갈 수 있다. 공문서는 다르다. 오자 한 글자가 정책 효과를 흔들고 치명적인 오해를 유발할 수 있다. 여러 사람이 돌려 읽으면 오자를 잡아내기도 쉽다. 오자를 방지하기 위해서라도 독회를 활용하라고 권하고 싶다.

퇴고는 오랜 시간을 들여 여러 차례 할수록 글이 좋아진다. 어니스트 헤밍웨이는 명작 《무기여 잘 있거라》를 처음부터 마지막 쪽까지 39회나 고쳐 썼다고 한다. 미국 철학자이며 수필가인 헨리 데이비드 소로는 대표작 《월든》을 출판하기 전에 10년 가까이 퇴고했다고 한다. 이건 문학이나 철학 글쓰기 이야기다. 공직자는 보고서, 안내문, 기획서를 마감 기일 안에 써내야 한다. 잘해야 며칠밖에 여유가 없다. 공직자가 마감 기일에 쫓기더라도 초고를 쓴 다음에 최소한 2~3시간 묵힌 다음에 퇴고하라고 권하고 싶다. 초고를 쓰고 그 자리에서 다시 읽을 때 눈에 띄지 않았던 흠이 눈에 들어오기 시작할 것이다. 여유가 있으면 하룻밤 자고 일어나서 초고를 다시 읽으면 더욱 좋다. 전날 밤까지 그럴듯해 보였던 초고가 흠결로 가득 차 있음을 발견하게 될 것이다.

원고를 소리 내어 읽어봐도 괜찮다. 좋은 글은 소리 내어 읽을 때 리듬감을 주면서 입에 착착 달라붙어야 한다. 소리 내어 읽을 때 탁탁 걸리면 어딘가 잘못된 글이다.

단어와 문장, 쉽고 짧게 써라

나는 소통과 대화, 말하기, 글쓰기 같은 주제에 오래 관심을 뒀다. 말하기, 글쓰기, 경청, 스피치, 대화, 토론, 유머, 언어학 등의 단어가 제목에 들어간 책을 죽 사들여 읽었는데 내 서가에는 그런 종류 책만 100권이 넘는다. 나는 이 가운데 윤태영, 백승권, 강원국 작가 세 사람이 각각 쓴 글쓰기 관련 책들을 흥미롭게 읽었다.

세 사람은 이력과 활동 상황이 비슷하다. 윤태영 작가는 출판사 편집장을 하다가 노무현 대통령 후보 선거캠프에 들어갔다. 참여정부 시절에는 청와대에서 대변인과 연설기획비서관을 했다. 청와대 근무를 마친 뒤 《대통령의 말하기》 《윤태영의 글쓰기 노트》 《윤태영의 좋은 문장론》 책을 냈고 강연을 활발하게 했다. 백승권 작가는 언론 전문지 〈미디어오늘〉 기자를 거쳐 참여정부 청와대에서 홍보수석실 행정관으로 정책보고서를 작성하고 감수하는 일을 했다. 청와대 근무를 마친 뒤《글쓰기가 처음입니다》라는 책을 냈고 실용 글쓰기 코치로 활발하게 강의 활동을 하고 있다. 강원국 작가는 김대중, 노무현 두 정부 청와대에서 연설문 담당 행정관과 비서관으로 활동했다. 청와대 근무를 마친 뒤《대통령의 글쓰기》라는 책을 펴냈고 역시 활발하게 강의 활동을 하고 있다.

청와대 출신들이 글쓰기 전문가로 책을 내서 많이 팔고 인기 강사로 이름을 날리면서 활동하는 것은 과거에 없던 새로운 현상이다. 왜 이런 현상이 오늘날 생겼을까? 나는 권위주의 시대가 막을 내린 까닭에 청와대가 국민 소통을 과거보다 더욱 깊이, 전문적으로 고민하게 되어서라고 생각한다. 권위주의 시대에는 청와대가 눈짓만 해도 세상이 알아서 움직였다. 이제는 말과 글 수준을 여간 높이지 않아서는 국민과 소통하고 행정부를 이끌어갈 수 없기에 청와대가 연설문 전문가를 공들여 영입했고, 그들이 청와대 근무 중 역량을 더욱 키웠으며, 그 역량을 민간에서 다시 활용하고 있다고 본다.

이 꼭지에서 '어휘와 문장'을 다루기로 해놓고 서두가 조금 길었다. 백승권 작가가 낸《글쓰기가 처음입니다》와 윤태영 작가가 낸《윤태영의 좋은 문장론》은 어휘와 문장에 관해 주의사항을 잘 정리해놓았다. 기업도 아니고 핵심 정부기관 청와대에서 근무했으니, 이들의 제안을 토대로 공직자 글쓰기 주의사항을 소개해도 괜찮겠다.

첫째, 친숙한 일상어를 사용하자.

예스러운 표현이나 어려운 한자어를 사용하지 말자. 높은 지위에 있는 사람이, 또는 그 사람한테 올리는 보고서에 이런 표현을 종종 쓴다. 예를 들면 "금일과 작일에 일어난 내홍은 막을 수 있는 일이다"라고 쓴다. 우스꽝스럽다. 어렵게 말한다고 권위가 생기지 않는다. 어휘를 선택할 때 국민이 일상에서 그 어휘를 사용하는지를 생각해보면 답이 나온다. 위의 문장은 "오늘과 어제 일어난 집안싸움은 미리 막을 수 있는 일이다"라고 적으면 된다. 친숙한 말로 공감을 얻는 것이 중요하다.

외국어와 전문용어를 남용하지 말자. "이머징 마켓의 포텐셜로 글로벌 증시와의 디커플링 해소가 기대된다"라고 적으면 국민 가운데 몇 명이나 이해할까? "신흥 시장의 잠재력으로 세계 증시와의 비동기화 해소가 기대된다"라고 적어야 그나마 낫다.

둘째, 단어를 늘이지 마라.

'하여, 되어, 하였다, 되었다, 이러한'이라고 쓰지 말고 '해, 돼, 했다, 됐다, 이런'이라고 쓰시라. '하여'라고 쓰면 문장이 축 늘어진다. 독자가 글을 빠르게 읽어내려가는 흐름을 방해하고 독자 눈 밖에 나고 만다. '~라고 하지 않을 수 없다' '~에도 불구하고' '~에 있어서'와 같은 표현도 되도록 쓰지 마시라. 예를 들어보자.

"이러한 현상은 참으로 안타까운 일이라 하지 않을 수 없다"는 "이런 현상은 참으로 안타까운 일이다" 또는 "이런 현상은 참으로 안타깝다"라고 고치면 훨씬 간명하다.

'기여를 하다' '검토를 하다' '사랑을 하다' 같은 표현을 사람들이 흔히 쓴다. 영어에서는 'do ~ing'가 될지 모르겠으나 우리말에서는 어색하고 거추장스럽다. '기여하다' '검토하다' '사랑하다'로 바꾸자. '예측과 전망을 하다' '관찰 및 견제를 하다'는 '예측하고 전망하다' '관찰하고 견제하다'로 써야 우리말 표현에 맞다. "기재부는 깊이 있는 검토를 통해 대책을 마련해야 한다"라는 표현을 흔히 쓴다. 이것도 "기재부는 깊이 있게 검토해 대책을 마련해야 한다"로 고치는 것이 좋다. '검토를 통해'는 영어식 표현이다. 우리말로는 아름답지 않고, 뜻을 전달하는 데도 비효율적이다. 문장에서 '~을' '~를'을 줄이도록 노력하시라.

셋째, 접속어를 되도록 넣지 마라.

서툰 글일수록 '그런데' '그래서' '따라서' '그리하여' 등의 접속어를 많이 쓴다. 많은 경우 접속어는 없어도 뜻이 통한다. 접속어를 빼면 글에 되레 탄력이 붙는다. 초고를 쓴 다음 접속어를 모두 빼는 실험을 해보면 금세 알게 된다.

다음 예문을 보자.

"그 여자는 그 남자를 사랑하지 않았다. 그런데 그 남자의 재산이

일 잘하는 공무원은 문장부터 다릅니다

탐이 나 결혼했다. 그리고 그 여자는 얼마 후 그 남자의 재산을 본격적으로 빼돌리기 시작했다. 말하자면 위장거래를 통한 재산 빼돌리기 수법을 사용한 것이다. 그러므로 사랑 없는 결혼이란 사기 행각과 같은 것이다."

접속어 네 개를 빼면 이렇게 된다.

"그 여자는 그 남자를 사랑하지 않았다. 그 남자의 재산이 탐이 나 결혼했다. 그 여자는 얼마 후 그 남자의 재산을 본격적으로 빼돌리기 시작했다. 위장거래를 통한 재산 빼돌리기 수법을 사용한 것이다. 사랑 없는 결혼이란 사기 행각과 같은 것이다."

넷째, 수식하는 단어를 최대한 줄여라.

신문사에서 기자를 교육할 때 기사에서 부사와 형용사를 모두 빼라고 한다. 수식하는 단어를 줄이고 구체적인 팩트로 의미를 전달하라고 주문한다. "눈보라가 워낙 세게 휘날려 엄청 추웠다" 같은 문장에서 밑줄 부분을 빼도 뜻이 통한다. "눈보라가 세게 휘날려 추웠다"라고 하면 된다. "네가 워낙 예쁘고 똑똑해 엄마는 아주 행복하다." 이 문장도 "네가 예쁘고 똑똑해 엄마는 행복하다"로 고치면 되레 뜻이 강렬해진다. 특히 정도와 강도를 나타내는 수식어는 최대한 절제하는 것이 좋다.

다섯째, 주어와 서술어를 바짝 붙여 홑문장(단문)을 써라.

"지난해 일본 후쿠시마에서 발생한 쓰나미 사태로 인한 원자력 발전소 파괴와 방사능 유출은 환경 파괴와 원자력 발전에 대해 지구가 엄중한 경고를 보낸다."

초심자들이 문장을 길게 끌고 가면 주어와 술어가 호응하지 않는 비문(잘못된 문장)을 만들기 쉽다. 되도록 주어와 서술어를 바짝 붙여서 단문을 쓰는 것이 좋다.

"지난해 일본 후쿠시마에서 쓰나미 사태가 발생했다. 원자력 발전소가 파괴되고 방사능이 유출됐다. 이것은 환경 파괴와 원자력 발전에 대해 지구가 보내는 엄중한 경고다."

공직자는 글을 오해가 생기지 않도록, 간명하게 알기 쉽게 써야 한다. 수식어 절을 되도록 사용하지 말고 주어와 서술어 사이를 바짝 붙여서 홑문장을 만드시라. 글쓰기가 쉽고 읽기도 쉬워진다. 홑문장 쓰기를 글쓰기 일반에 모두 적용하자는 이야기는 아니다. 문학 글쓰기에서는 작가가 문장을 능숙하게 부려 써서 긴 문장으로 멋진 작품을 만들어내는 경우도 많다. 하지만 공직자가 실용 글쓰기를 할 때는 홑문장이 최선일 때가 많다.

일 잘하는 공무원은 문장부터 다릅니다

피동형과 번역투는 피해라

〈경향신문〉 기자로 사회부장, 경제부장, 편집국장, 편집인을 지낸 언론인 김지영 선생이 몇 해 전 《피동형 기자들》이란 책을 냈다. 책에는 '객관보도의 적, 피동형과 익명 표현을 고발한다'라는 부제가 붙었다. 그는 이 책에서 1980년 계엄사령부가 서울시 청사에 설치해 운영했던 언론검열단 현장 풍경을 소개했다. 1979년 10월 26일 박정희 대통령이 중앙정보부장 김재규에게 살해되자 정부는 이튿날 제주도를 제외한 전국에 비상계엄을 선포하면서 언론 검열을 강화했다.

언론검열단은 서울시청 1층 대회의실에 자리 잡았다. 신문사 사람들은 매일 오전 11시께 정식 인쇄를 하기 직전 단계인 시험판을 뽑아 들고 이곳을 찾아 중위나 대위 계급장을 단 군인 또는 사복 차림 검열단원한테 검열받았다. 검열단 사람들이 말없이 시험판에 죽 줄을 긋거나 뭐라고 적어 넣으면 그것이 보도 지침이 됐다. '갑' 앞에서 볼일을 마친 '을'은 구석에 있는 전화기로 부리나케 달려가, 인쇄해도 좋다고 허가된 내용을 신문사로 보고했다. 김지영 기자는 1979년 10·26 사태가 일어나기 열흘 전 기자 시험을 치르고 입사한 막내라서, 다들 싫어한 검열반 심부름을 다녔다고 한다.

정부가 조정, 통제하는 시대 상황에서 언론은 자연스럽게 '무주체, 피동형 표현'을 많이 썼다고 한다. 예를 들면 다음과 같다.

"이번 조각에서 21개 부처 중 12개 부처를 새로 개편하고 9개 부처의 장을 유임시켜 새로 임명한 것은 국정의 계속성 유지로 국민에 대한 충격을 줄이면서 사회정화, 교육혁신 작업을 계속 추진하겠다는 뜻으로 풀이된다." (《한국일보》, 1980년 9월 3일 3면 해설)
"남북 분단 문제 해결을 위해 어떠한 어려움이나 위협도 감내하고 직접 행동으로 수범하겠다는 결연한 용단으로 평가되었다." (《경향신문》, 1982년 1월 23일 3면 해설)

언론이 어떤 문제를 해설할 때는 언론사와 언론인 관점으로 평가하고 해설해야 마땅하다. '~풀이된다'라거나 '~평가되었다'라고 표현하면 누가 풀이하거나 평가하는지 행위 주체를 알 수 없다. 독자에게 객관적인 정보를 숨기는 행위로 당당하지 못하다.

제대로 된 언론이라면 누가 풀이하거나 평가하는지 주체를 밝히고 '~풀이한다'라거나 '~평가한다'라고 적어야 옳다.

피동문은 영어나 일본어는 몰라도 원래 우리말에서 잘 쓰지 않는다. 우리말 어법에 어울리지 않는다. 똑같은 신문 문장을 기준으로 삼기 위해 19세기 말 조선 개화기 신문을 찾아봐도 피동문은 좀처럼 등장하지 않는다. 1980년대 한국 언론인들이 피동문을 많이 쓴 심리 배경을 김지영 선생은 이렇게 분석했다. 첫째, 억압 상황에서 현실적으로 정부를 비판하는 사설과 해설을 쓸 수 없다. 둘째, 그렇다고 부당한 권력에 정당성을 부여하는 것도 내키지 않는다. 셋째, 글에 나타낸 의견이 기자의 양심대로가 아니어서 떳떳하지 못함을 안다. 차라리 내 의견이 아닌 것처럼 피동형 표현을 쓰면 편하지 않을까 등이다.

권위주의 시대는 끝났다. 오늘날 언론사 주변에 중위나 대위 계급장을 단 군인은 없다. 그런데도 언론은 피동형 문장을 버리기는커녕 다양한 형태로 더욱 폭넓게 사용하고 있다. 기자들은 '풀이된다' '관측된다' '판단된다' '생각된다' '이해된다' '추정된다' '전망된다'로 끝나는 문장을 수없이 쏟아내고 있다. 심지어 '풀이되어진다' '판단되어진다' '생각되어진다' '관측되어진다' '이해되어진다' '추정되어진다' '예상되어진다' '전망되어진다'라고 이중피동 표현마저 남발하고 있다. 피동형이 문장 관습으로 자리 잡고 말았다.

피동형 문장은 행위 주체를 밝히지 않는다. 피동형 문장에서는 사람이나 동물도 아닌 추상적 사물 또는 사실이 주어가 되는 경우가 많다. 피동형 문장에서는 행위 주체가 모호해 책임 소재가 분명하지 않으며 말하려는 의도가 명확하지 않게 된다. 정보 출처도 명확하지 않다. 피동형 문장은 귀에 걸면 귀걸이 코에 걸면 코걸이가 되기 쉽다.

영어와 일본어는 피동형(수동태) 문장을 많이 쓴다. 영어와 일본어 자료, 영어와 일본어를 직역한 번역문을 많이 접한 결과 우리 언론인들이 피동형에 물들었다고 말할 수도 있다. 그런데 영어권에서도 피동형을 좋은 문장으로 여기지 않는다.《동물농장》작가이며 영어 문장가로 이름 높은 조지 오웰은 문장의 여섯 가지 원칙 가운데 네 번째로 "능동태를 쓸 수 있으면 수동태를 절대 쓰지 않는다"라고 밝혔다. 미국 CIA 정보 보고서 작성 기본 열 가지 원칙에는 "능동태로 표현하라"라는 항목이 있다. 능동태 문장이 직접적이며 정확하고 적극적인 의미를 전달하기 때문이다.

외국어 번역투 문제를 또 한 가지 살펴보자. 한글학자들은 일제강점기 일본어 영향 때문에 우리가 조사 '의'를 불필요하게 많이 쓴다고 지적한다. 일본말에서 'の(의)' 사용 습관과 우리말 표현법이 다른데도 말이다. 다음 예문을 보면 '의'를 습관적으로 얼마나 많이 쓰고 있는지 알 수 있다.

정세균 국무총리는 21일 최근 불거진 아스트라제네카(AZ) 백신의 혈전 유발 논란과 관련해 "백신의 안전성에 문제가 없다는 점을 다시 확인했다"고 말했다.

정 총리는 이날 정부서울청사에서 주재한 중앙재난안전대책본부 회의에서 "어제 소집된 예방접종전문위원회가 해외의 평가 결과와 국내 이상반응 사례를 면밀히 검토해 이런 결론을 내렸다"고 전했다.

정 총리는 "유럽의약품청(EMA)에서도 전문가의 검증을 거쳐 '백신과 혈전 사이에는 과학적 인과성이 없다'고 공식 발표했다. 세계보건기구(WHO)도 아스트라제네카 백신의 중단없는 접종을 일관되게 권고한 바 있다"고 부연했다.

그러면서 "모레부터 요양병원과 시설의 65세 이상 입소자·종사자에 대한 예방접종이 시작된다"며 "국내외의 과학적 검증결과를 믿고서 접종에 적극 동참해달라"고 강조했다.

정부는 오는 22일 예방접종전문위원회의 상세한 검토 결과를 발표할 예정이다. (「정 총리, AZ백신 혈전 유발 논란에 "안전성 문제없다는 점 확인"」, 〈연합뉴스〉, 2021년 3월 21일자)

위 기사에서 '백신의 안전성'은 '백신 안전성'으로 써야 맞다. '백신의 안전성'은 백신이 안전성을 소유한 것이 아니라 '백신이 안전하다'는 뜻이다. 주격 노릇이 살도록 해주어야 할 자리에 소유격 의미가 담긴 '의'가 잘못 쓰이고 있으니, '의'를 빼야 되레 뜻이 정확해진다. '해외의 평가'는 '해외 평가'로, '전문가의 검증'은 '전문가 검증'으로 고쳐 써야 옳다. 불필요한 군더더기에 불과하다.

◇ "오랜만에 각자의 안부를 물었다."
→ "오랜만에 서로 안부를 물었다."

◇ "최근 베트남과의 교류가 늘어났다."
→ "최근 베트남과 교류가 늘어났다."

◇ "학자는 30여 편의 논문을 썼다."
→ "학자는 논문 30여 편을 썼다."

위와 같이 문장을 고쳐보자. 군더더기가 줄고 우리말 표현법에 맞게 문장이 깔끔해짐을 알 수 있다.

아름답지 않은 일본어 번역투 사용 예는 또 있다. '~에 있어서' '~에 대하여' '~에 다름 아니다' '~에 값한다'도 많이 쓴다. 대부분 '~에' '~에서'라고 고치면 낫다.

◇ "이런 시도는 학교 운영뿐 아니라 행정에 있어서도 마찬가지다."

일 잘하는 공무원은 문장부터 다듭니다

→ "이런 시도는 학교 운영뿐 아니라 행정에서도 마찬가지다."

◇ "그의 경력에 있어서 이 활동은 어떤 의미인가."
→ "그의 경력에서 이 활동은 어떤 의미인가."

◇ "우리는 고령층 문제에 대하여 관심을 가져야 한다."
→ "우리는 고령층 문제에 관심을 가져야 한다."

◇ "그 사람은 사기꾼에 다름 아니다."
→ "그 사람은 사기꾼이나 다름없다."

◇ "이 논문은 충분한 주목에 값한다."
→ "이 논문은 충분히 주목할 만하다."

피동형 문장은 의미를 정확하게 전달하지 못하고 행위 책임 소재를 모호하게 만드는 문제점이 있다. 미국 CIA도 정보 보고서를 작성할 때 "능동태로 표현하라"라고 할 정도다. 외국어 번역투를 쓰면 불필요한 군더더기가 되기 쉽고 우리말 어법에도 맞지 않는다. 전달 효과가 떨어지기 쉽다. 공직자가 문서를 작성할 때 미문 (아름다운 표현)을 찾아 쓸 필요는 없다. 대신에 문장을 정갈하게 쓰려고 노력해야 한다.

기사가 되는 보도자료,
쓴 사람만 읽는 보도자료

나는 신문기자로 활동했다. 기자를 하면서 사회 여러 분야 사람을 취재원으로 만났고 좋은 동료 언론인도 만났다. 언론인도 기자 일만 하지 않는다. 다양한 직업으로 옮기면서 꿈을 발전시키곤 한다.

신문사 동료로 만난 신동호 씨는 2004년 40대 나이에 보도자료 배포 전문회사를 설립해 경영자로 변신했다. 경제와 과학 분야 기자로 이름을 날리던 그는 전문가와 중소기업인들이 뉴스거리가 될 만한 신제품을 만들고도 홍보 방법을 몰라 발을 동동 구르는 경우가 많음을 알게 됐다. 대기업과 정부 부처는 홍보 부서를 갖추고 기자들한테 연일 보도자료를 보내 홍보 효과를 거두는 반면에 개인과 중소기업한테는 언론 벽이 높았다. 그는 "뉴스 가치가 있는 소식이 생겼을 때, 누구나 뉴스를 작성해 언론과 포털

일 잘하는 공무원은 문장부터 다릅니다

에 쉽게 알릴 수 있는 온라인 서비스를 만들겠다"고 마음먹었다. 그는 "사업가, 직장인, 전문가들이 생산한 뉴스를 언론인에게 쉽게 배포할 수 있는 플랫폼을 구축하는 일이 내가 직접 기사를 쓰는 것보다 가치 있다"고 느꼈다고 했다.

그가 세운 회사 이름은 '코리아뉴스와이어'다. 이 회사는 국내 크고 작은 6,400개 언론사 기자 32,000명에 대한 데이터베이스를 구축했다. 데이터베이스를 토대로 보도자료 주제에 맞는 기자만을 추려 자료를 배포한다고 한다. 보도자료를 배포하려 해도 언론사 기자 명단과 이메일 주소록을 구하지 못해 막막해하는 사람이 많다. 언론 홍보가 갈수록 중요해진 시대에 사업 영역을 새로이 개발한 사례라 하겠다.

보도자료는 무엇이며 어떻게 작성해야 효과적일까? 보도자료 배포 전문 회사답게 이 회사는 보도자료 개념과 작성법을 잘 정리해 누리집(www.newswire.co.kr)에 소개하고 있다.

보도자료는 소식을 육하원칙에 따라 뉴스 형식으로 작성한 자료다. 보도자료는 문서와 사진, 동영상, 도표 등으로 구성한다. 기업 또는 기관이 보도자료를 기자에게 보내면 언론은 이를 인용해 뉴스로 보도한다. 보도자료는 영어로 'press release'라고 한다. 요즘은 보도자료를 기자에게만 배포하지 않고 기관 웹사이트에 올리거나 온라인 서비스를 통해 독자한테 직접 배포하는 사례가 늘면서 'news release'라는 용어를 많이 쓰고 있다.

보도를 요청하려고 기자에게 전화하면 기자는 대개 "보도자료 있나요? 이메일로 보내주세요. 검토하고 연락할게요"라고 한다. 기자는 왜 보도자료를 좋아할까? 마감에 쫓기는 기자들은 보도자료가 기사를 작성하는 데 큰 도움이 된다. 보도자료를 토대로 일차 사정을 파악하고 보충 취재하면 쉬워서다. 보도자료 없이 취재원이 말하는 것을 받아 적거나 녹음해 기사화하려면 시간이 훨씬 많이 걸린다. 말로 주고받는 것보다는 문서로 소통하는 것이 훨씬 정확하기도 하다. 미국 학자가 〈뉴욕타임스〉와 〈워싱턴포스트〉 기사 가운데 60%가량이 보도자료 등 언론 홍보 활동의 결과였음을 조사해 발표한 적도 있다.

보도자료는 보통 제목과 날짜, 본문, 담당자 연락처로 구성한다. 제목은 내용을 한 문장으로 요약한다. 기자는 바쁜 직업이다. 내가 보낸 보도자료가 다른 보도자료를 젖히고 짧은 시간에 기자의 눈길을 끌려면 제목이 좋아야 한다. 제목은 내용을 잘 압축하고 맛깔 나는 표현을 찾아 약간 꾸며주면 좋다. 내용을 압축하지 않고 제목 위치에 '보도자료'라고 적는, 미숙한 행동을 삼가기 바란다.

날짜는 뉴스 시의성 때문에 중요하다. 특히 보도자료 배포 즉시 보도 가능한 것인지, 아니면 특정 시점 이후에 보도해달라는 것인지를 명기하는 것이 좋다. 본문은 육하원칙에 따라 신문기사체로 작성한다. 기자가 후속 취재를 위해 문의할 우리 기관 업무 담당자 이름과 연락처를 적어두어야 한다.

기자에게는 수많은 보도자료가 쏟아져 들어간다. 기자의 눈과 귀를 사로잡으려면 보도자료를 요령껏 써야 한다. 코리아뉴스와 이어가 정리한 바를 중심으로 보도자료 잘 쓰는 방법을 소개하겠다.

1. 뉴스 가치가 느껴져야 한다.

보도자료는 새로운 소식이나 사건에 대해 독자가 뉴스 가치를 느낄 수 있도록 써야 한다. 예를 들어 새로운 공공 서비스 소개 보도자료라면, 이 서비스가 언제 시작되며 기존 서비스와 차별점은 무엇이고 시민들에게 어떤 혜택을 주는지 설득력 있게 설명해야 한다.

2. 객관적으로 정직하게 써야 한다.

뉴스는 정직과 신뢰가 생명이다. 3인칭 관찰자 시점에서 객관적으로 서술한다. 독자에게 신뢰감을 주려면 수치와 통계를 제시해 입증하면 좋다. 과장하지 마시라. 미사여구, 형용사를 나열하지 마시라. 기자가 거부감을 느낀다.

3. 말하듯이 쉽게 써야 한다.

중학생 조카에게 말하듯이 구어체로 쉽게 쓰고, 한자어는 가급적 피하시라. 독자 입장에서 무엇이 궁금할지 생각해보고, 궁금증이 하나도 남지 않도록 명료하게 작성하는 것이 좋다. 전문가를 위한 뉴스가 아니라면, 전문용어는 피해야 한다.

4. 짧고 간결하게 작성해야 한다.

독자가 핵심 내용을 빨리 파악하도록 짧고 간결하게 쓴다. 단도직입적으로 말하고, 중복된 내용이나 불필요한 단어는 모두 뺀다. 한 문장에서 글자 숫자가 60자를 넘지 않도록 짧게 쓰면 좋다. 제목은 20자 이내로 간결하게 붙여야 한눈에 들어온다.

5. 핵심 메시지가 명확해야 한다.

보도자료가 신문에 기사화됐을 때, 어떤 제목이 뽑힐지, 언론이 어느 부분을 인용할지 생각해보면 그것이 핵심 메시지다. 글전반부는 핵심 주제에 집중해 작성하고, 곁가지 이야기는 뒷부분에 덧붙이면 된다.

6. 첫 문장에 정보를 압축해야 한다.

뉴스 첫 문장을 '리드'라고 부른다. 기자들은 흔히 "리드만 잡아도 기사 절반은 쓴 셈"이라고 말한다. 첫 문장은 사건 전체를 문장 하나로 압축해주면 된다. 리드를 잡으면 제목은 저절로 떠오르기 마련이다.

7. 중요한 것을 앞에 넣어야 한다.

중요한 정보를 본문 앞부분에서 설명하고 덜 중요한 것을 뒤쪽 문단에 배열한 것을 역피라미드 형식이라고 한다. 보도자료 등 설명문은 역피라미드 형식으로 작성해야 한다. 보도자료가 길면 기자는 앞부분만 뉴스에 반영하고 뒷부분은 잘라버린다. 역피

일 잘하는 공무원은 문장부터 다릅니다

라미드 형식은 그렇게 하더라도 뜻이 훼손되지 않고 통하는 장점이 있다.

8. 눈으로 보듯 묘사한다.

마치 눈으로 보는 듯이 생생하게 묘사해준 글이 흥미롭다. 문인이나 기자는 시각적 묘사 능력을 갖추기 위해 연습도 한다. 글을 쓸 때는 추상적인 표현을 피하고 장면, 인물, 상황을 세밀화를 그리듯이 묘사해주면 좋다.

9. 코멘트를 넣어야 한다.

기관장이나 담당 간부 코멘트를 넣으면 뉴스 신뢰성이 높아진다. 코멘트가 보도자료에 들어 있으면 기자는 코멘트를 따기 위해 추가 취재를 하지 않아도 마치 직접 취재를 한 것처럼 기사를 쓸 수 있다. 객관적 사실이 아닌, 주관적인 주장은 코멘트 형식으로 쓰면 좋다.

10. 키워드를 넣어야 한다.

시민들은 포털과 검색엔진에서 키워드 검색을 통해 보도자료를 접할 가능성이 높다. 보도자료를 작성한 뒤 키워드가 빠지지 않았는지 확인하시라.

11. 담당자 연락처는 필수다.

보도자료 본문 뒤에는 반드시 담당자 이름과 소속, 이메일, 전화번호, 기관 누리집 주소 등을 붙인다. 기관 누리집도 기자가 취재하는 데 도움이 된다.

보도자료에 사진이나 동영상을 넣으면 뉴스 주목도가 높아진다. 사진은 신문에 바로 실을 수 있도록 전문가가 좋은 화질로 촬영하도록 한다. 통계는 그래프나 도표와 같은 시각자료로 만들어 함께 배포하면 기자가 매체에 그대로 활용하기 좋다.

반대로 보도자료가 실패한 이유를 살펴보는 일도 보도자료 작성에 도움이 될 것이다. 서울시교육청 대변인실은 2018년 이상수 대변인 시절에 〈보도자료 따라잡기〉라는 교육자료를 만들어 공무원들에게 나눠줬다. 이상수 대변인도 필자가 신문사에서 함께 근무하며 만난 훌륭한 언론인이며, 대변인으로서도 활동 성과를 많이 남겼다. 이 교육자료는 성공한 보도자료, 실패한 보도자료가 무엇인지 팁을 소개하고 있는데, 그중에서도 '보도되지 않는 5가지 이유'가 흥미로웠다.

1. 뉴스 가치가 없어서다. '공무원들만의 잔치'는 시민이 외면한다.

내부 직원만을 대상으로 하는 워크숍, 1회성 특강 등 단순한 행사는 보도되지 않는다. 내부용 단순 행사는 보도자료를 내지 말고 내부 게시판을 활용해 홍보하시라. 내부 직원 대상이라도 역사 문제가 쟁점이 될 때 '역사 교사 토론회'를 열면 그건 예외다.

2. 적기에 배포하지 않아서다. 홍보는 타이밍이 중요하다!

보도자료는 대변인실과 사전 협의해 배포 일정에 반영해야 한다. 미리 협의하지 않거나 행사가 이미 지나가버린 경우는 대변인실이 기자단에 보도자료를 배포하기 어렵다. 사안의 시급성과 현안인가 여부에 따라 예외는 있다.

3. 희소성이 없어서다. 여기저기 다 한다면?

대부분 기관이 일반적으로 진행하는 역량 연수, 청렴 연수, 업무협약(MOU) 협약식 등은 뉴스 가치가 없다. 보도자료를 내도 기사화되기 어렵다.

4. 구체적이지 않아서다. 팩트가 없는데 어떻게 써먹나?

상세하게 작성하지 않은 보도자료는 곤란하다. 내용이 빈약하거나 팩트가 없고 육하원칙을 지키지 않은 경우 말이다. 행사나 사업의 주체, 시기, 장소, 프로그램, 참여 인원, 예산, 향후 계획, 기대 효과 등을 구체적으로 작성하시라.

5. 사회에 큰 뉴스가 있을 때는 피하라. 고생만 하고 파묻힘!

사회적으로 큰 뉴스가 있거나, 특정한 날짜에 보도자료가 집중되면 보도될 확률이 떨어진다.

안내문, 짧을수록 정중해진다

안내문은 기관이나 단체가 주관하는 행사와 사업, 활동 방침을 알리는 글이다. 안내문은 관련된 정보를 사실 중심으로 정확하게 간결하게 쉽게 전달하면 된다. 안내문은 문인이 쓰는 시와 소설, 희곡과 전혀 다르다. 안내문은 학술 논문도 아니다. 감칠맛 나는 문장과 화려한 수식어, 전문용어를 동원할 필요가 전혀 없다.

정확하게 간결하게 쉽게 쓰려면 어떻게 해야 할까? 나는 세 가지 원칙을 권고한다.

첫째, 홑문장(단문)을 써라.

여기서 홑문장은 짧을 단(短)이 아니라 홑 단(單) 자를 쓰는 문장을 뜻한다. 홑문장은 주어와 서술어가 각각 하나씩 있어 이들 관계가 한 번만 이뤄지는 문장이다. 예를 들어 '나는 집에 간다'라고 쓰면 홑문장이다. 홑문장과 반대는 겹문장(복문)이다. 주어와 서술어 관계가 두 번 이상 이뤄지는 문장이다. '비가 내리고 풀은 자란다'라고 하면 겹문장이다. 겹문장 가운데 '비가 내리고 풀은 자란다'와 같이 각각 주어와 서술어가 서로 대등한 문장이 있다. 이어진문장(대등문)이라고 부른다. 반면에 한 쌍의 주어와 서술어가 문장 안에서 다른 부분을 꾸며주는 경우가 있다. 이 경우를 안은문장(내포문)이라고 한다. '나는 비가 내리는 거리를 보고 있었다'와 같은 문장이 안은문장이다. 안은문장이 많으면 글이 복잡하고 어려워지기 쉽다. 문학 글쓰기가 아니고 정보를 정확하고 간결하게 쉽게 전달하는 안내문에서는 안은문장을 되도록 피하면 좋다.

사람들은 안내문을 쓰라고 하면 겹문장을 많이 쓴다. 문장을 짧게 끊어 쓰기보다는 길게 늘여 사용해야 정중해 보일 것이라고 느껴서인 듯하다. 문장이 길면 정중하고 짧으면 가볍다고 여기는 것은 잘못이다. 간결한 홑문장으로 얼마든지 뜻을 정중하게 전달할 수 있다.

둘째, 되도록 쉽고 편안한 일상 언어를 쓰라.

우리가 접하는 안내문을 보면 어렵고 딱딱한 한자말이 많다. 예를 들어 '생각된다'라고 해도 충분한 대목에서 굳이 '사료된다'라고 표현한다. 사람들은 어려운 한자말을 써야 정중한 느낌을 준다고 생각하지만 실제로는 전혀 그렇지 않다. 일상생활에서 사용하는 입말을 갖고 얼마든지 정중하게 뜻을 표현할 수 있다. 안내문을 쓸 때는 가장 쉬운 말을 찾아 쓰도록 노력하시라.

셋째, 추상명사를 주어로 하는 경우를 줄여라.

우리말은 사람이나 동물과 같은 생물을 주어로 사용해야 어법에 맞다. 대부분의 대화에서 우리는 생물을 주어로 삼아서 말하고 있고 그럴 때 편하다. 안내문을 쓸 때도 추상명사 주어를 되도록 쓰지 마시라. 사람이나 동물을 주어로 삼으면 뜻이 더욱 명확해지고 글에서 생동감이 느껴진다.

사례를 통해 살펴보자. 다음은 대한○○협회가 얼마 전 회원들한테 보낸 안내문의 일부다.

백신 온도계 구입 관련 안내문

기 공지한 알람기능 온도계 구매 보류와 관련하여 재안내 드립니다.

그간 협회에서는 알람기능 온도계 구비에 따른 정부 지원을 계속 협의하는 중이었고, 보다 검증된 온도계 업체 등을 자체적으로 파악하는 과정이었기에 회원들의 온도계 사전구입을 미루어달라고 안내드린 바 있습니다.

한편, 금일부터 요양기관 및 종사자를 대상으로 1차 접종이 시작되었고, 향후 접종센터와 민간 의료기관을 통한 접종도 시행될 예정입니다.

특히 전 국민 대상 위탁 의료기관에서 실제 접종하는 시점은 대략 6월경으로 예상되며 그만큼 시간적 여유는 있을 것으로 <u>사료됩니다</u>.

'기 공지한'은 '이미 공지한' 또는 '이미 알려드린'으로 적으면 좋을 뻔했다. '금일'부터는 '오늘'부터로 하면 더욱 알기 쉽지 않겠는가. '사료됩니다'도 일상 대화에서는 잘 쓰지 않는다. '생각됩니다'라고 써도 정중한 태도가 약해지지 않는다.

서울 지역 어떤 청소년 수련관에 다음과 같은 문구로 현수막이 걸렸다.

수련관 마당 공놀이로 인한 안전사고가 우려되고 있습니다. 부모님의 지도를 당부드립니다.

'안전사고'라는 추상명사를 굳이 주어로 사용할 이유가 없다. '부모님의 지도를 당부'하는 것도 말이 복잡하다. 다음과 같이 고치면 낫겠다.

수련관 마당에서 공놀이 하면 안전사고가 날 수 있습니다. 부모님이 지도해주십시오.

서울 어떤 구청이 등산로 입구에 다음과 같이 현수막을 내걸었다.

산책하는 보행자의 안전을 위하여 산악자전거의 출입을 제한합니다.

'~을 위하여'는 영어 번역투이니 덜 쓰면 좋겠다. '산책하는 보행자의 안전'도 말이 복잡하다. 다음과 같이 고쳐보자.

보행자가 안전하게 산책하도록 산악자전거 출입을 제한합니다.

국세청 홈택스에는 다음과 같은 안내문이 실렸다.

죄송합니다. 신고를 위한 접속 집중 등으로 홈택스 접속이 원활하지 않습니다.

'신고를 위한 접속 집중 등으로'를 다음과 같이 다듬어보자.

죄송합니다. 신고하려는 사람이 몰려 홈택스에 접속하기 어렵습니다.

일 잘하는 공무원은 문장부터 다릅니다

다음은 어느 고등학교가 겨울방학을 맞아 학교장 이름으로 학부모들에게 보낸 안내문이다. 지금 안내문 문안으로도 무슨 말을 하려는 건지 뜻은 통하지만, 뜻만 통한다고 될 일은 아니다. 글은 읽는 사람과 효율적으로 소통하려고 쓴다. 중언부언하지 말고 간결하게 적어야 뜻이 분명하게 전달된다.

방학 중 학생 안전에 대한 당부의 말씀

연말과 새해에 학부모님 댁에 건강과 행운이 가득하시길 기원합니다.

우리 학교는 1월 1일부터 1월 29일까지 겨울방학이 실시됩니다. 학생들이 학교를 떠나 가정에서 생활하게 됨에 따라 몇 가지 당부의 말씀을 드립니다.

규칙적인 학교생활을 떠나 가정에서 알찬 방학계획을 세워 부족한 교과내용 보충이 이루어지도록 해주시고, 코로나19 지역감염 확산 방지를 위한 피시방, 노래방 등 다중이용시설 출입을 자제할 수 있도록 부탁드립니다.

추운 겨울 각종 교통사고의 발생률이 높아 소중한 자녀들의 안전에 많은 위험을 받고 있습니다. 특히 오토바이 탑승을 하지 않도록 해주시고 항상 교통안전에 관심을 가져주시기 바랍니다.

청소년의 온라인 도박 참여로 인한 문제점이 많아지고 있습니다.

청소년이 주로 하는 온라인 도박에는 달팽이, 사다리, 로하이, 파워볼, 소셜그래프, 불법스포츠도박 등이 있으니 집에서 주의 깊게 살펴봐주시길 부탁드립니다.

인터넷을 통한 불건전한 매체의 범람으로 자녀들이 사이버 폭력, 불건전한 환경, 음란물 접속, 채팅 등에 노출될 수 있으니 자녀들과 많은 대화를 나누고 자녀의 행동을 세심하게 관찰하여 건강한 생활이 되도록 지도바랍니다.

(유해매체 차단 프로그램 설치 http://www.youth.go.kr)

건전한 방학생활이 되도록 방학계획을 세워 행동할 수 있도록 하고 혹시 주변의 나쁜 환경에 처해 피해를 당할 수 있으니 주의하고 자녀들이 피해를 당하지 않게 잘 보살펴주시기 바랍니다.

피해가 있을 시 즉시 신고바랍니다.

(학교 ○○○-○○○○, ○○○지구대 ○○○-○○○○, 학생고충상담신고 전화 ○○○-○○○○)

····(중략)····

방학도 학교생활의 연장으로 학생의 품위를 지킬 수 있도록 하고 특히 각종 안전사고에 미리 대비하여 건강하고 안전한 방학이 되기 바랍니다.

방학 중 상담이 필요하거나, 학생 신변에 문제가 생겼을 시 반드시 학교에 연락을 해주시길 꼭 부탁드립니다.

○○○○년 ○○월 ○○일 ○○○고등학교장

위 안내문을 문장별로 다듬어보자.

◇ "연말과 새해에 <u>학부모님 댁에 건강과 행운이 가득하시길 기원합니다.</u>"

→ "학부모님 가족 모두 건강하시고 하시는 일마다 행운이 따르길 기원합니다."

◇ "우리 학교는 1월 1일부터 1월 29일까지 <u>겨울방학이 실시됩니다.</u>"

→ "겨울방학에 들어갑니다." 또는 "겨울방학을 실시합니다."

◇ "학생들이 학교를 떠나 가정에서 생활하게 됨에 따라 몇 가지 <u>당부의 말씀을 드립니다.</u>"

→ "당부 말씀드립니다." 또는 "당부합니다."

◇ "<u>규칙적인 학교생활을 떠나 가정에서 알찬 방학계획을 세워 부족한 교과내용 보충이 이루어지도록 해주시고, 코로나19 지역감염 확산 방지를 위한 피시방, 노래방 등 다중이용시설 출입을 자제할 수 있도록 부탁드립니다.</u>"

→ "가정에서도 학교에서처럼 규칙적으로 생활하도록 방학계획을 알차게 세워 부족한 교과내용을 보충하도록 해주십시오. 코

로나19 지역감염이 확산되지 않도록 피시방, 노래방 등 다중이
용시설에 가지 말라고 해주십시오."

◇ "추운 겨울 각종 교통사고의 발생률이 높아 소중한 자녀들의
안전에 많은 위험을 받고 있습니다."
→ "추운 겨울 여러 가지 교통사고가 나기 쉽습니다. 자녀가 다치
기 쉽습니다."

◇ "특히 오토바이 탑승을 하지 않도록 해주시고 항상 교통안전
에 관심을 가져주시기 바랍니다."
→ "특히 오토바이를 타지 않도록 해주십시오. 교통안전이 항상
중요합니다."

◇ "청소년의 온라인 도박 참여로 인한 문제점이 많아지고 있습
니다. 청소년이 주로 하는 온라인 도박에는 달팽이, 사다리, 로
하이, 파워볼, 소셜그래프, 불법스포츠도박 등이 있으니 집에서
주의 깊게 살펴봐주시길 부탁드립니다."
→ "청소년이 온라인 도박에 참여해 문제가 많습니다. 청소년이
주로 하는 온라인 도박에는 달팽이, 사다리, 로하이, 파워볼, 소
셜그래프, 불법 스포츠 도박 따위가 있습니다. 집에서 주의 깊
게 살펴봐주십시오."

◇ "인터넷을 통한 불건전한 매체의 범람으로 자녀들이 사이버 폭력, 불건전한 환경, 음란물 접속, 채팅 등에 노출될 수 있으니 자녀들과 많은 대화를 나누고 자녀의 행동을 세심하게 관찰하여 건강한 생활이 되도록 지도바랍니다."

→ "불건전한 인터넷 매체가 넘쳐나고 있습니다. 자녀들이 음란물에 접속하거나 채팅을 통해 사이버 폭력에 노출될 수 있습니다. 자녀들과 대화를 많이 하시고 자녀 행동을 세심하게 관찰해 건강하게 생활하도록 해주십시오."

◇ "건전한 방학생활이 되도록 방학계획을 세워 행동할 수 있도록 하고 혹시 주변의 나쁜 환경에 처해 피해를 당할 수 있으니 주의하고 자녀들이 피해를 당하지 않게 잘 보살펴주시기 바랍니다."

→ "방학생활을 건전하게 하도록 생활계획을 세워 지키라고 해주십시오. 주변 나쁜 환경에 물들어 자녀들이 피해를 당하지 않도록 잘 보살펴주십시오."

◇ "피해가 있을 시 즉시 신고바랍니다."

→ "피해가 생기면 즉시 신고해주십시오."

◇ "방학도 학교생활의 연장으로 학생의 품위를 지킬 수 있도록

하고 특히 각종 안전사고에 미리 대비하여 건강하고 안전한 방학이 되기 바랍니다."

→ "방학도 학교생활 연장입니다. 학생이 품위를 지키도록 해주십시오. 특히 안전사고를 당하지 않도록 대비해주십시오. 방학을 건강하고 안전하게 보내도록 해주시기 바랍니다."

◇ "방학 중 상담이 필요하거나, 학생 신변에 문제가 생겼을 시 반드시 학교에 연락을 해주시길 꼭 부탁드립니다."

→ "방학 중 상담이 필요하거나 학생 신변에 문제가 생기면 반드시 학교에 연락해주십시오."

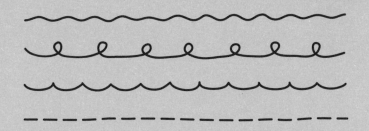

4부

누구도 배제하지 않는
공공언어 쓰기

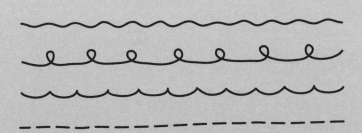

성차별 언어

　'미망인(未亡人)'이란 말을 쓰는 경우가 있다. 2021년 1월 전남 여수시가 낸 보도자료를 보면 "여수시는 국가를 위해 희생한 6·25전쟁, 월남전 참전유공자 미망인에게 올해 1월부터 매월 5만 원의 명예수당을 지급한다"라고 밝혔다. 여수시장은 "국가를 위해 공헌하신 참전유공자의 예우와 가족들의 자긍심 고취를 위해 미망인 명예수당을 지급하게 되었다"라며 "이번 기회를 통해 다시 한 번 국가 유공자분들께 감사의 마음을 전하며, 유족분들의 예우에도 최선을 다하겠다"라고 밝혔다.

　미망인이란 말은 중국 고전 《춘추좌씨전》에 근거를 두고 있다. 초나라에 영윤 벼슬을 하던 자원이라는 호색한이 있었다. 영윤은 오늘날 국무총리에 버금가는 최고위 관직이다. 자원은 문왕이 세상을 뜨자 그 부인을 유혹하려고 부인 집 옆에서 음악을 연주하며 춤을 추도록 했다. 부인은 눈물을 흘리며 말했다. "선군께서는 이 춤과 음악을 군대를 조련하는 데 쓰셨는데 지금은 원수들을 치기 위해서가 아니라 이 미망인 옆에서 하고 있으니 이상하기 짝이 없구나." 자원은 이 말을 듣고 음악과 춤을 걷어치웠다.

남편이 먼저 죽어 홀로 된 여성을 미망인이라고 불렀는데, 한자 뜻을 풀면 '아직 죽지 않은 사람'이다. 남편을 따라 죽어 마땅한데 살아남았다는 뜻이다. 이 고사를 보면 남편을 여읜 여성이 자신을 겸손하게 낮추는 1인칭으로 미망인이란 말을 썼다. 여성 인권이 제한된 옛날에도 그랬는데 하물며 오늘날 미망인이란 말을 2인칭이나 3인칭으로 쓰면 되겠는가. 당사자를 심각하게 공격하는 의미이니 함부로 쓰지 말아야 한다. 대화 자리에서 그 사람을 지칭할 때는 "돌아가신 아무개의 부인 누구누구께서"라고 하면 무난하겠다(김하수 전 연세대학교 국어국문학과 교수 견해). 정부기관은 이런 표현을 쓰지 않도록 더욱 주의해야 한다.

차별 언어 개선이라는 화두는 1960~70년대 유럽과 미국 중심으로 일어났던 68혁명과 다양한 사회운동에 배경을 두고 있다. 유럽 여러 나라에서는 청년 대학생을 중심으로 억압적 권위주의 타파를 요구하는 사회운동이 일어났다. 양성평등과 성해방, 인권, 공동체주의, 생태주의 등 오늘날 유럽 사회를 움직이는 가치관이 이 무렵 형성되고 확산됐다. 미국에서는 마흔네 살 존 에프 케네디가 미국 역사상 최연소 대통령으로 당선됐다. 케네디 대통령은 미국 서부 개척시대 정신을 되살려(케네디는 뉴 프론티어 정신을 구호로 삼았다) 국가 여러 영역을 개조해나가자고 제안했다.

미국에서 흑인 민권운동, 반전운동, 여성운동, 장애인운동을 펼치던 운동 주역들은 사회개혁 의제 가운데 하나로 성, 민족, 인종, 장애, 종교와 관련해 소수자를 차별하지 말고 공정한 언어를 사용하자고 제안했다. 이들은 '정치적 올바름(political correctness)'을 운동 구호로 사용했다. 활동가들은 특히 남성 중심으로 성차별적인 어휘를 중립적 어휘로 바꾸는 데 관심을 쏟았다. 예를 들어 'postman(우체부)' 'fireman(소방관)' 'salesman(판매원)' 'chairman(의장)' 'policeman(경찰관)' 'steward/stewardess(승무원)' 같은 어휘를 'post worker' 'firefighter' 'salesperson' 'chairperson' 'police officer' 'flight attendances'로 바꾸자고 주장했다. 남성 통칭어 '미스터(Mr.)'와 마찬가지로 요즘에는 여성도 결혼 여부에 따라 '미스(Miss)'와 '미시즈(Mrs)'로 구분하지 않고 통칭어 '미즈(Ms)'로 많이 부른다. 이것 역시 정치적 올바름 운동의 결과물로 볼 수 있다.

미국에서 정치적 올바름 운동을 통해 성차별 언어가 줄어든 것과 달리, 우리 사회에서는 성적 불평등을 반영하는 차별 언어를 여전히 많이 쓴다. 첫 작품, 첫 출판, 첫 비행이라고 부르면 될 것을 군이 처녀작, 처녀 출판, 처녀 작품, 처녀 비행이라고 부른다. 처녀라는 말은 '결혼하지 않은 성년 여자' '숫처녀' '일이나 행동을 처음으로 함' 같은 뜻이 있어서 아마 마지막 뜻을 활용했으리라. 그렇다고 해도 여성에게만 순결을 강요하는 남성 위주 사고 방식을 반영한 말임에 분명하다. 여성은 이런 말 때문에 불편함을 느낀다.

남자에게는 남의사, 남직원, 남기자, 남대생, 남류 작가라고 하지 않는데 군이 여의사, 여직원, 여기자, 여대생, 여류 작가라고 부른다. 사회에 여성 진출이 드물던 시절에 사회 활동을 하는 여성을 호기심 어린 시선으로 바라보던 관습이 묻어 있는데 이제는 사용하지 말아야 한다. 학부형이란 말도 학생 보호자는 아버지라는 그릇된 고정관념을 담고 있다. 아버지, 어머니를 합쳐서 학부모라고 고쳐 써야 마땅하다.

성차별 언어를 고치려면 대안이 필요하다. 서울시 여성가족재단 자료를 보면, '그녀'라는 말 대신에 그녀, 그남을 구분하지 말고 '그'로 통일하자고 했다. '저출산'이라는 말은 인구문제 책임이 출산을 맡은 여성에게 있는 것으로 오해하도록 할 수 있으니 '저출생'으로 바꾸자고 했다. '유모차'라는 말도 아빠는 빼고 엄마만 아기 수레를 끄는 것처럼 오해하도록 할 수 있으니 아기를 중심으로 하여 '유아차'로 바꾸자고 했다. 자궁도 남자아이만 품는 기관이 아니니 '자궁' 말고 '포궁'으로 바꾸자고 했다. '몰래카메라'는 몰래 하는 장난이 아니라 카메라를 이용한 범죄이니 '불법촬영'으로 바꾸자고 했다.

일 잘하는 공무원은 문장부터 다릅니다

국방부 산하기관 한 군데에서는 '장병 급식피복 어머니 모니터링단'을 운영하다가 사업 이름을 '부모 모니터링단'으로 바꿨다. 어머니만 자식을 군대에 보내지 않는다. 급식과 피복 점검은 어머니와 아버지가 함께 할 일이다. 성차별을 없애도록 늦게나마 잘 바로잡았다.

나는 사법당국이나 공공기관이 성추행 피해자를 조사하면서 "성적 수치심을 느꼈냐?"라고 질문하는 것에 문제 제기하는 신문기사를 읽었다(「성적 수치심, 안 느꼈는데요? '성적 빡치심'을 느꼈어요」, 〈한겨레〉, 2020년 8월 15일자).

"'성적 수치심을 느끼셨습니까?' 수사관이 물었어요. 그런데 아무리 생각해도 아닌 거예요, 수치심은. 그래서 솔직하게 대답했어요. 아뇨! 수치심 안 느꼈는데요! 피해자인 제가 불리해질 걸 알면서도 그랬어요." (20대 중반 이나은 씨, 가명)

이씨는 2017년 강제추행 피해자 조사를 받으러 경찰에 출석했을 때, 수사관이 피해 감정이 수치심이었냐고 묻자 "수치심을 느끼지 않았다"라고 진술했다. 그는 부끄러운 감정이라는 뜻으로 수치심을 느낀 것이 아니라 불쾌감을 강하게 느꼈다. 그런데도 수사관이 수치심을 느끼지 않았느냐고 묻기에 사실 그대로 수치심을 느끼지는 않았다고 답변하자 수사관이 "아, 그러세요?" 하면서 태도가 바로 달라지더라고 했다. 그때부터 피해 사실을 적극적으로 묻거나 조사하려 들지 않더라는 것이다.

표준국어대사전을 보면 수치는 "다른 사람들을 볼 낯이 없거나 스스로 떳떳하지 못함. 또는 그런 일"이다. 수치심은 "수치를 느끼는 마음"이다. 성적 수치심은 "남녀 간의 육체적 관계나 남성 여성의 육체적 특징과 관련하여 수치를 느끼는 마음"이라고 풀었다. 성적 수치심은 남녀 간의 육체적 관계 등과 관련하여 다른 사람을 볼 낯이 없거나 스스로 떳떳하지 못한 감정을 뜻한다. 성폭력 피해자가 피해 사실 한 가지 때문에 떳떳하지 못하고 부끄러워할 이유가 무엇인가? 성폭력 피해자가 피해 사실을 입증하기 위해 부끄럽지 않은데도 부끄러움을 억지로 고백하도록 강요당하는 상황이 과연 옳은가?

앞서 조사를 받은 이나은 씨는 "화나고, 황당하고 기분 나쁜" 것이 실제 피해 감정이었다고 했다. 성적 수치심은 느끼지 못했다고 답변하고 그렇다고 자기 피해 감정을 있는 그대로 진술하지도 못한 결과, 그는 피해 사실을 입증하는 데 실패했다. 이나은 씨가 표현력이 부족한가? 아니면 사법당국이 언어를 잘못 사용했나? 수사관이 수치심을 느꼈느냐고 답변 방향을 정한 가운데 폐쇄형으로 물을 것이 아니라 피해 순간에 어떤 감정을 느꼈느냐고 개방형으로 물었어야 한다고 나는 생각한다.

성차별 언어는 성적 불평등에서 비롯한다. 성차별 언어를 사용하면 불평등한 현실이 더욱 굳어질 수 있다. 성차별 언어를 바로 잡아야 한다.

차별 표현, 혐오 표현

　몇 해 전 경기도 시흥시는 청사 사무공간을 재배치하면서 현관에 걸려 있던 '잡상인 출입금지'라는 안내문을 떼어냈다. 표준국어대사전을 보면 잡상인은 "일정한 가게 없이 옮겨 다니면서 자질구레한 물건을 파는 장사꾼"이다. 일정한 가게 없이 옮겨 다니면서 물건을 팔려면 얼마나 고될까? 상인이면 모두 같은 상인이지 고정된 가게를 갖고 있으면 '순' 상인이고 가게가 없다고 '잡' 상인인가? 이런 사람을 위로해주기는커녕 '잡'이라는 부정적인 말을 붙여 차별할 건 뭔가? 공공기관은 차별하는 언어를 사용하지 말아야 한다. 시흥시가 잘했다.

　노인 질환인 치매(痴呆)는 한자로 '어리석을 치' '어리석을 매'를 쓴다. 일본도 우리와 같은 한자로 치매(일본어 발음은 '치호')라고 쓰다가 정부 차원에서 2004년 '인지증(認知症, 일본어 발음은 '닌

치쇼')'이라고 바꿨다. 치매는 어리석은 사람이라고 당사자를 모욕하는 뜻이 될 수 있다. 인지증은 일상생활에 지장이 있을 정도로 인지능력이 떨어졌다는 의미다. 치매는 여러 질병 가운데 하나일 따름이지 어리석은 사람이라고 비난받을 일은 아니다. 명칭에 담긴 차별을 없앤 점에서 일본이 우리보다 앞섰다. 일본에서는 '인지증 환자'라는 말에도 부정적인 이미지가 남는다면서 '인지증 당사자'로 하자고 한 걸음 더 나아가기도 한다.

몇 해 전 법원은 여성 비하로 논란을 빚은 인터넷 만화 작가를 '한남충'이라고 표현한 여자 대학원생한테 모욕죄로 벌금형 30만 원을 선고했다. '한남충'의 '충(蟲)'은 '벌레'라는 뜻으로 부정적 의미가 강하고, 피해자 개인을 특정해 표현했으므로 고의로 모욕했음이 인정된다고 판단했다. 이에 여성들은 '김치녀' '된장녀' '맘충' '페미년' 등 여성을 대상으로 한 욕설은 규제하지 않으면서 '한남충' 사용을 처벌하는 것은 부당하다고 비판했다. 남녀 어느 쪽을 대상으로 삼든 모욕이 담긴 표현은 절제하고 규제해야 옳겠다.

우리 사회에서 차별 표현을 둘러싼 논란이 갈수록 거세지고 있다. 이정복 대구대학교 국어국문학과 교수는 '차별 표현' 또는 '차별 언어'를 "사람들의 다양한 차이를 바탕으로 명시적 또는 암묵적으로 편을 나누고, 다른 편에게 부정적이고 공격적인 태도를 드러내거나 다른 편을 불평등하게 대우하는 과정에서 쓰는 언어 표현"으로 정의했다. 차별 표현과 비슷한 뜻으로 '혐오 표현' '증오 표현' '비하 표현' '모욕 표현' '적대 표현'이란 말을 쓰기도 한다. 이정복 교수 논문을 보면 차별 표현은 다음과 같이 여러 유형으로 나타나고 있다 (이정복, 〈한국어와 한국사회의 혐오, 차별 표현〉, 《새국어생활》, 국립국어원, 2017).

가. 성차별: 여의사, 여필종부, 관능미, 출처(出處), 늑대

나. 인종차별: 오랑캐, 쪽발이, 검둥이, 코쟁이, 똥남아

다. 장애 차별: 귀머거리, 난쟁이, 소경, 미친놈, 병신

라. 지역 차별: 멍청도, 깽깽이, 경상디언, 뺀질이, 짠물

마. 직업 차별: 도배공, 옹기장, 신호수, 잡역부, 무희

바. 종교 차별: 개독교, 땡중, 무당질, 점쟁이, 개슬람

사. 기타 차별: 상것, 하층민, 늙은것, 뚱보, 호모

공직자들은 직무 수행 때 언어를 주의해 사용해야 함은 말할 나위가 없다. 성차별, 인종차별, 장애 차별, 지역 차별, 종교 차별 모두 하지 말아야 한다. 그 가운데서도 특히 직업 차별 표현은 공직자들이 상세하게 알아두면 좋겠다. 종교 차별이나 지역 차별은 어감이 속된 것도 많고 공직자가 입에 올리지 않도록 주의하면 되지만, 직업 용어는 공문서를 작성할 때 흔히 사용하기 때문이다. 이정복 교수는 기존 직업에 대한 차별 표현을 국어사전 기준

으로 다음과 같이 추렸다.

가-1. 도공(陶工), 목공(木工), 석공(石工), 인쇄공(印刷工), 전기공
(電氣工)

가-2. 간판장이, 도배장이, 땜장이, 옹기장이, 환쟁이

나. 가수(歌手), 목수(木手), 무용수(舞踊手), 석수(石手), 신호수(信
號手)

다. 광부(鑛夫), 어부(漁夫), 인부(人夫), 잡역부(雜役夫), 청소부(淸
掃夫)

라. 가정부(家政婦), 접대부(接待婦), 파출부(派出婦), 청소부(淸掃婦)

마. 보모(保姆), 식모(食母), 유모(乳母), 침모(針母)

바. 장사꾼, 잡상인(雜商人), 삐끼

(가-1) 직업 이름에는 '공(工)'이 공통으로 들어 있고 (가-2) 직
업 이름에는 '장(匠)이/쟁이'가 들어 있다. (나)는 직업 이름에 '수
(手)'가 공통으로 들어 있다. (다)는 직업 이름에 '부(夫)'가 공통
으로 들어 있다. 주로 신체를 직접 써서 일하는 직업에 이런 글자
가 붙어 있다. 그런데 요즘 언어 추세가 어떤가. '의사' '판사' '교
사' '간호사' '기사' '운전기사' '보석 감정사' '사무원' '운전원'
'검수원' '매표원' 등으로 직업 이름에 '사(師, 事, 士)' 또는 '원(員)'
을 사용하고 있다.

신체를 직접 써서 일한다고 '공'이나 '장이' '수'를 붙이고 머리와 손짓으로 일한다고 '사'를 붙여 차별하는 것은 문제가 있다. 몸 쓰는 직업을 더욱 부정적으로 인식하도록 하는 나쁜 효과가 있다. 적절한 대안을 찾아내 고쳐 사용하면 좋겠다.

'장사꾼'은 국어사전에서 "장사를 업으로 하는 사람을 얕잡아 이르는 말"로 풀이한다. 상업을 천시하던 문화에서 비롯된 말이다. '삐끼'는 '호객행위를 하는 사람을 속되게 이르는 말'로 '호객꾼'이라고도 한다. '호객꾼'도 직업 용어로 문제가 있다. '(업소) 홍보원'이나 '홍보 사원'이라고 부르면 적당하겠다. '잡상인'은 '이동상인' 또는 '방문 판매인'으로 부르면 좋겠다.

우리 사회에서 차별 표현은 꾸준히 개선되고 있다. 과거에는 가난한 농촌 출신 10대 여자 청소년을 도회지 잘사는 집에 들여놓고 밥 짓기와 집안일을 시키면서 '식모'라고 불렀다. 식모한테는 월급이 없었고 나중에 시집갈 때 한밑천 챙겨주면 된다고 여겼다. 식모라는 명칭이 '가정부'로, 나중에는 '가사도우미'로 바뀌었다. 가사도우미에 이르러서야 식모는 차별을 벗어나, 노동을 제공하고 대가를 받는 정상적인 임금 노동자로 자리매김하게 됐다.

'운전수'는 선비 '사' 자가 들어간 '운전사'가 됐다가, 기술 인력이라는 뜻인 '운전기사'로 바뀌고 있다. 공무원 조직에서는 '운전원'이라고 부른다. '간호부'는 '간호원'을 거쳐 '간호사'가 됐으며, '청소부'는 '환경미화원'이 됐고, '때밀이'는 '세신원' '목욕 관리사'로 바뀌었다. '신체 불구자'는 '장애인'이 됐고, 군대 실무간부인 '하사관'은 '부사관'으로 바뀌었다. '보험 아줌마'는 '보험 설계사'가 됐다.

'고령자'는 '노인'이라고 부르는 것이 어색해 '어르신'으로 바뀌었다가 '시니어'와 '실버'로 다시 바뀌고 있다. '시니어 타운' '실버 타운' '실버 케어' '실버 인력뱅크' 따위 말을 요즘 많이 쓴다. 나이 차별을 완화하기 위함인데 꼭 영어를 써야 하는지는 모르겠다. 영어를 잘 모르는 고령자한테는 새로운 소통 장벽이 될 수 있다.

문화체육관광부 산하 국립국어원이 차별 언어 개선 사업을 하고 있다. 국립국어원 누리집을 보면 차별 언어에 관한 제보를 받아 꾸준히 말을 다듬고 대안을 제시하고 있다. 정책용어 상담도 제공한다. 공직자들이 문서를 작성하면서 궁금할 때 국립국어원 상담 창구를 이용해도 좋겠다.

직업 표현을 바꿨다고 해당 직업 종사자들의 사회적 지위가 자동으로 개선되지는 않는다. 언어를 바꿔도 화장을 고치는 효과만 있다면 의미는 반감된다. 정부는 차별 표현 개선이 '언어의 미용술'에만 그치지 않도록, 직업과 계층 사이 격차를 줄이는 정책도 함께 고민해야 한다.

외래어와 외국어

몇 해 전 사회적 기업과 협동조합을 다루는 공부 모임에 참석했을 때 일이다. 발표자가 "퍼실리테이터가 필요하고요" "퍼실리테이터 역할이 중요하고요"라고 여러 차례 말하는데, 퍼실리테이터(facilitator)가 무슨 뜻인지 나는 몰랐다. 대놓고 물어보기도 뭣하고. 모임이 끝난 뒤 몇 군데 검색해 '과제 수행이나 회의 진행이 원활히 되도록 돕는 촉진자'라는 뜻을 알게 됐다.

'과제 도우미'나 '회의 도우미'라고 해도 될 텐데 굳이 어려운 외국어를 쓰는 이유는 뭘까? 나처럼 퍼실리테이터가 무슨 뜻인지 모르는 사람이 있다면 과제 수행과 회의가 원활히 되겠는가? 특히 대화와 소통을 중요시하는 사회적 경제 영역에서 난해하기 이를 데 없는 용어를 쓰면 되겠는가? 외국어든 한국어든 쉬운 말을 써야 소통이 쉬워지는 법이다. 나는 사회적 경제 외국 동향을 직수입해 소개하다 보니 '외국물'이 덜 벗겨져서라고 생각했다.

외래어나 외국어를 사용해 소통을 어렵게 만드는 사례는 공공 영역에 많다. 사회복지 분야에선 '바우처(voucher)'라는 말을 많이 쓴다. 여성가족부에서는 "여성청소년 생리대 바우처를 지급한다"라며 대상자를 모집한다. 교육부처에서는 "평생교육 바우처를 제공한다"라고 홍보하고 있다. 산업자원부에서는 빈곤층을 대상으로 "에너지 바우처를 제공한다"라고 홍보하고 있다. 보건복지 분야에서는 "사회서비스 바우처를 국민기초생활보장, 국민연금, 어린이집 등 여섯 가지 분야에서 제공한다"라고 홍보하고 있다.

바우처는 정부에서 복지 서비스 구매에 직접 비용을 지불해 상품이나 서비스를 구매할 수 있도록 보조해주는 이용권 정도 의미다. 국민이 서비스를 제공하는 가게나 기업, 기관을 찾아가, 정부에서 받은 이용권을 내고 서비스를 이용하면 된다. 이용권이나 사용권, 또는 쿠폰이라고 하면 알아먹을 텐데 왜 어려운 외국어를 쓰는지 모르겠다.

사회복지 용어가 특히 어렵다. 과거 어려운 한자어를 쓰다가 영어를 쓰면서 더욱 꼬이는 느낌을 준다. 클라이언트, 데이케어 센터, 시니어 클럽, 푸드뱅크 사업, 그룹홈 등 알 수 없는 말이 넘친다. 사회복지 서비스 이용자 가운데는 고령자와 저소득자, 저학력자가 많다. 이들을 상대로 어려운 외국어를 사용하면 되겠는

가. 가뜩이나 소외되기 쉬운 사람들을 복지 서비스 이용 범위에서 더욱 밀어내는 결과를 가져올 수 있다.

외교안보 분야에서는 '코리아 패싱(passing)'이라는 말이 언론에 자주 등장한다. 한국은 남북 대화나 비핵화 같은 한반도 문제와 동아시아 현안에서 주요 당사자다. 그런데 외국이 당사자인 한국을 젖혀놓고 다른 나라와 현안을 협의한다면서, '한국은 손 놓고 당하고 있다'라는 뜻을 담아 한국 언론이 '코리아 패싱'이라는 말을 종종 쓴다. 선진국 모임인 G7이 머지않아 G10으로 확대될 때 한국도 참여하리라고 예측할 정도로 국제사회에서 한국 위상이 높아졌는데 실제 한국이 손 놓고 당하는 일이 자주 일어날까? 나는 그렇게 믿지 않는다. 아무튼 '~패싱'은 미국 언론이 즐겨 사용하는 기사 제목 가운데 하나다. 그것을 한국 언론이 기계적으로 가져다 쓰고 있으니, 모양새가 나쁘고 독자와 시청자도 어리둥절할 것 같다.

청와대에는 외교안보 문제를 조정하는 국가안전보장회의(NSC)라는 기구가 있다. 언론에 발표할 때 '국가안전보장회의'라고 하면 알기 쉬운데, 꼭 'NSC'라고 발표한다. NSC는 미국 백악관에 있는 같은 명칭 기구를 본떠서 우리나라에 도입했다. 좋은 직제를 본뜨는 것은 괜찮지만 이름은 우리말로 고쳐 부르면 국민 설득력이 더욱 높아지리라고 나는 믿는다.

외교안보 분야는 외국 사정이 얽혀 있어 현안을 국민한테 설명하기 어려울 수가 있다. 그럴수록 공직자는 더욱 쉬운 언어를 선택하려고 노력할 필요가 있다.

딱히 전문용어랄 것도 없는데 영어로 쓰면 멋있다고 생각해 영어를 사용하는 공공기관도 있다. 수도권과 지방 철도역 앞에는 '배웅 정차장, 환승 정차구역'을 영어 'Kiss & Ride' 'K&R'로 표시했다. 한글문화연대라는 시민단체와 대학생 동아리 '우리말 가꿈이'가 스물두 곳을 찾아내 고치도록 했는데, 그 뒤에도 계속 생겨나고 있다. 지방자치단체 상징 구호를 살펴보면 비슷한 예가 수없이 많다.

외래어·외국어 남용 문제를 지적하면 부닥치는 반론이 있다. 민족주의 또는 민족 정체성 지키기에 사로잡혀서 지금과 같은 국제화 시대를 제대로 헤쳐 나갈 수 있겠냐고 한다.

우리 언어정책 역사를 보면 국가가 민족 정체성 수호를 내걸고 외래어·외국어 사용을 엄금한 시절이 있었다. 1976년 박정희 대통령이 강력한 국어순화를 지시한 이래 방송사 차원에서 외래어 일소를 추진했다. 그 결과 어제까지 '바니걸즈'였던 가수가 '토끼소녀'로, '어니언즈'는 '양파들'로, '라나에로스포'는 '두꺼비와 개구리'로, '뚜아에무아'는 '너와 나'로 이름이 바뀌었다. 〈나 어떡해〉라는 노래로 대학가요제 돌풍을 일으켰던 '샌드 페블즈'는 '모래와 자갈'로, 〈그대로 그렇게〉를 부른 '휘버스'는 '열기들'로, 배철수가 이끌던 한국항공대학교의 '런웨이'는 '활주로'로,

'블랙 테트라'는 '검은 열대어'로 이름을 바꿔 방송에 출연해야 했다.

　나는 민족주의 차원에서 외래어·외국어를 규제하자는 생각에 찬성하지 않는다. 우리나라가 발전하려면 국제화를 거스르기는 커녕 더욱 강화해나가야 한다. 이를 위해 외국어 교육을 강화할 필요도 있다.

　문제는 우리 언어생활에서 외래어·외국어를 남용함으로써 소통이 어려워질 수 있다는 점이다. 섣부른 외래어·외국어 사용 때문에 국민 알 권리와 국민들이 공공 서비스를 이용할 권리가 제약되면 곤란하다. 누구든지 공론장에 자유롭게 참여하고 골고루 의견을 개진하며 토론에 참여하도록 해야 한다. 나는 민족 주체성이 아니라, 국민 소통 활성화 차원에서 외래어·외국어를 남용하지 말자고 주장한다.

어려운 전문용어

보건복지 용어에 '차상위계층'이라는 말이 있다. 가장 힘든 계층인 국민기초생활보장 수급자보다는 한 단계 형편이 괜찮지만 언제든 빈곤해질 수 있는 사람들을 가리킨다. 소득 기준으로 중위소득 50% 이하에 해당하는데 고정 자산이 있거나 자신을 부양할 가족이 있어 기초생활보장 수급자에서는 제외된 사람이다.

차상위계층은 자칫 최빈곤 계층으로 떨어질 수 있어서 '잠재적 빈곤계층'이라고도 부른다. 차상위계층에게도 정부 지원책이 있다. 그런데 나는 차상위계층이란 말을 들을 때마다 여기에 해당하는 사람이 이 말뜻을 제대로 이해할지 의문스러웠다. 좀 더 쉬운 말로 용어를 바꾸면 지원 정책을 이해하고 지지하는 사람이 늘어날 텐데 하는 아쉬움도 들었다. 누가 봐도 어렵다고 느끼는데도 이 용어는 지금도 계속 쓰이고 있다.

지하철 역사와 같은 다중이용시설 구내에는 'A.E.D.(Automated External Defibrillator)'라는 장비가 갖춰져 있다. 이 기계는 심장마비가 왔을 때 심실과 심방 잔떨림을 억제해 규칙적인 심장박동 리듬을 찾도록 심장에 강한 전류를 순간적으로 보낸다. 응급의료에 관한 법률에 따라 공공보건 의료기관, 구급차, 여객항공기, 공항, 철도 객차, 20톤 이상 선박, 다중이용시설에 반드시 이 장비를 설치하게 돼 있다.

응급 상황에서 죽을 사람을 살릴 중요한 장비인데도 사람들은 이 장비가 무엇인지 잘 몰랐다. 'A.E.D.'라는 누구도 이해하기 어려운 영문 용어를 붙이고 있었던 까닭이다. 거기에 '자동제세동기(自動除細動機)'라는 한자어를 덧붙여도 어렵기는 마찬가지였다. 최근 들어서야 서울 지하철역 일부 구간에서 '심장 충격기'라는 새로운 이름을 붙여놓았다. 한글문화연대를 비롯한 시민단체들이 요구한 덕분에 뒤늦게 활용 가치를 찾게 됐다.

정부나 공공기관이 정책, 제도, 안내문, 공문 따위에 사용하는 언어를 '공공언어'라고 부른다. 공공언어가 어려운 전문용어를 사용해 국민이 이해하기 어렵게 하는 경우가 많다.

코로나19 바이러스 사태 외중에 어려운 전문용어가 쏟아져 나왔다. '코호트 격리'라는 의학 용어가 대표적이다. 코호트 격리는 감염 질환 등을 막기 위해 감염자가 발생한 의료기관을 통째로 봉쇄하는 조치를 가리킨다. 노인요양병원에서 확진자가 발생했을 때, 병원 전체를 몇 차례 봉쇄했다. 보건 당국은 이런 상황에서 코호트 격리를 했다고 발표했는데, '동일 집단 격리'라고 풀어 설명했다면 격리 대상자들이 당국 취지를 더 쉽게 이해하지 않았을까.

'엔(N)차 감염'도 마찬가지다. 엔차 감염은 감염 전파 단계를 지칭하는 말로, N에 해당하는 숫자는 전염이나 전파 단계를 의미한다. 최초 감염자로부터 감염된 경우는 2차 감염, 2차 감염자로부터 전파되면 3차 감염으로 표기한다. '지표 환자'는 동일 집단에서 확인된 첫 확진자를 뜻한다. '(그 집단) 첫 환자'라고 쉽게 설명할 수도 있다. '기저 질환'은 기왕에 앓고 있던 병을 말하니, '지병'이라고 바꾸면 좋겠다. 이밖에 '팬데믹(세계 대유행)' '언택트(비대면)' '풀링검사(취합검사)' '코로나 블루(코로나 우울)' 등 알기 어려운 전문용어들이 감염병 때문에 위축된 국민 생활 속으로 마구 쏟아져 들어왔다.

기업은 상품과 서비스를 시장에 내놓을 때 어려운 전문용어를 사용하지 않는다. 기업은 쉽게 입에 착 붙는 표현을 찾아내려고 많은 돈을 들여 컨설팅을 받기도 한다. 기업은 소비자 마음을 파고들어 상품과 서비스를 많이 팔아야 하기 때문이다.

정부나 공공기관도 정책을 갖고 국민 속으로 파고들어가야 하는데 실은 감수성이 둔감하다. 정책 개발과 별개로, 개발한 정책을 어떻게 표현해 국민을 설득하느냐라는 영역에 참으로 미숙하다. 나는 '정책 세일즈가 필요하다' 또는 '세일즈 하는 지도자가 되어야 한다'라거나 하는 담론은 좋아하지 않는다. 상업주의와 시장 자본주의가 득세해 정부 직무 수행에 중요한 공공성 가치가 흔들리는 것은 바람직하지 않다. 그러나 공직자가 자신만 아는 전문용어를 국민 앞에서 버젓이 사용한다면 분명히 잘못이다.

1980년대 영국 정부는 공문서를 쉽게 작성하자는 취지로 '쉬운 영어 운동(Plain English Movement)'을 대대적으로 펼쳤다. 배경이 있었다. 크리시 메이어라는 40대 초반 여성이 리버풀 시내 가난한 동네 사회단체에서 서민 지원 활동을 하고 있었다. 어느 추운 겨울날 메이어가 돌보던 90살, 60살 모녀가 난방비를 제대로 보조받지 못하고 저체온증으로 숨졌다. 공문 신청서가 쉽게 되어 있고 제때 신청서류를 꾸며 보조금을 받았으면 막을 수 있는 비극이었다. 메이어는 이 사건을 계기로 어려운 영어를 이해하지 못하는 주민을 위해 신문을 내기 시작했다. 1974년에는 임팩트 재단을 세워 주민한테 쉽게 글을 쓰는 방법을 가르쳤다. 메이어는 1979년 어느 날 런던 국회의사당 앞 광장에서 공문서가 어려워 생기는 문제점을 비판하는 시위를 벌였는데 그 시위가 대대적으로 보도되면서 사회적 파장이 커졌다.

1980년대에 영국 정부는 메이어가 내건 요구를 받아들여 법률·의료·보험 등 사회 전 영역에서 공공정보를 쉬운 말로 쓰는 운동을 펼쳤다. 2000년 영국에서는 가장 보수적인 틀을 유지하고 있던 민법이 쉬운 영어로 개정됐다.

'쉬운 영어 운동' 주창자들은 몇 가지 지침을 제시한다. 한 문장은 되도록 15~20개 단어로 제한하라. 동사의 80~90%는 능동태를 사용하라. 수동태를 피하라. 긴 단어보다는 짧은 단어, 어려운 단어보다는 쉬운 단어를 사용하라. 예를 들어 'consequently(그 결과, 따라서)'보다는 'so'가 쉽다. 'assistance(지원)'보다는 'help', 'attempt(시도)'보다는 'try', 'magnitude(규모)'보다는 'size'가 쉽다.

유럽연합도 '쉬운 영어 운동'에서 영향을 받아 1995년에 '의약품 사용 설명에 관한 명령'과 '소비자 계약서에 관한 명령'을 채택하고, 정부 문서에 쉬운 말을 사용하라고 회원국에 권장했다. 현재 영국과 유럽연합, 미국, 오스트레일리아 등 80여 개 나라에서 회원 12,000여 명이 '쉬운 영어 운동'에 참여하고 있다. 이들은 쉬운 말로 쓰였다고 보장하는 문서와 누리집에 '크리스탈 마크'를 붙여주고 있다.

미국 연방정부는 2010년 '공문서 쉽게 쓰기 법안(Plain Writing Act)'을 제정했다. 국민 알 권리를 보장하고 민원 응대 비용을 줄이자는 두 가지 목적에서였다. 미국 정부는 퇴역군인청이 안내 편지 양식을 바꿨을 때 문의 전화 건수가 달라지는지를 연구했다. 기존 편지 양식으로 안내문 750건을 발송하면 문의 전화가 1,128건 걸려왔다(편지 한 통마다 1.5회). 쉽게 쓴 편지 양식을 사용하니 안내문 750건에 문의 전화가 192회로 줄었다(편지 한 통마다 0.27회). 민원 응대 수요 차이를 돈으로 계산해보니 미국 퇴역군인청 전체를 기준으로 편지 1통에 4만 달러가 절감됐다.

국립국어원이 2010년에 수행한 '공공언어 개선의 정책 효과 분석' 연구를 보면 우리나라에서도 어려운 공공언어를 쉽게 바꿨을 때 연간 280억 원이 절감됐다. 공문서를 쉽게 쓰면 비용이 절감되며 덜 배우고 가난하거나 나이 든 사람이 피해를 덜 입는다. 문화체육관광부와 국립국어원이 공문서 쉽게 쓰기 캠페인을 벌이고 있다. 공직자들이 참여해야 한다.

사물 존대

"음료 나오셨습니다. 이쪽이 아메리카노십니다."
"치킨 세 마리 오만 원이세요."
"오늘은 가격 할인이 되시는 날이세요."
"연회비 없으신 카드이시구요."
"통증 없는 수면내시경이세요."

백화점, 식당, 카페, 병원 등 서비스업 업장에서 위와 같이 그릇된 어법을 쉽게 들을 수 있다. 관공서 민원실에서 공무원이 "수입인지는 칠백 원이시구요" 하기도 한다. 상대를 높인다고 무조건 '~(으)시'를 붙이다 보니 사람이 아닌 사물에다 존대를 붙이게 됐다. 실제 상대방을 높이지 못하고 물건이나 금전을 높일 뿐인, 완전히 잘못된 높임법이다.

사물 존대법은 고객 만족(CS, Customer Satisfaction)을 최우선으로 하는 이른바 CS경영이 우리나라에 도입되면서 퍼진 것 같다. 1980년대 말~1990년대 초 삼성, LG 같은 대기업들이 CS경영 깃발을 높이 들었다. 기업 사이 경쟁이 심화하고 기술력이 향상돼 상품 품질이 비슷해지자, 기업은 디자인과 서비스로 경쟁사와 차별화하는 쪽으로 눈을 돌렸다. 1992년 대한항공이 서비스아카데미를 처음 만들어 서비스 교육 바람을 일으켰고, 삼성에버랜드 서비스아카데미가 2000년대 초 서비스 교육 업계를 주름잡으면서 CS경영이 다른 기업들로 확산됐다.

고객을 가깝게 만나야 하는 백화점들은 사내 CS조직을 확대했으며 매장 판매사원 서비스 교육을 강화했다. 백화점 업계 사람들은 "선배들이 '지나가던 개도 CS라고 짖는다'고 할 정도였다"라고 회고했다. 업계에서는 두 손을 가지런히 모으고 허리를 절반 꺾어 깊이 숙이도록 하는 인사법을 이 무렵 도입했다. 어떤 백화점에서는 매장 층별로 CS관리 매니저를 두고 판매사원 고객 응대 태도를 점검했다. 당시 '고객 만족'은 '고객에게 얼마나 친절한가'였다. 판매사원들은 '잘해야 한다' '실수하면 안 된다'는 압박감에 시달렸다. 고객과 관련된 것은 무조건 높여야 한다는 강박관념이 생기고 퍼져나갔다. 사물 존대를 하라고 어법을 교육한 사람은 없는데도 그릇된 존대법이 광범위하게 퍼져나간 데는 이런 배경이 있지 않았을까 추정한다.

사물 존대는 우리말 어법에 어긋나는 동시에, 갑질 사회라는 비뚤어진 우리 사회 단면을 보여주기도 한다. 우리 사회에서는 "고객 만족" "고객 감동"을 넘어서 "고객은 왕이다!"라는 구호를 당연하게 받아들였다. 기업 수익성을 높여주는 고객은 무조건 왕처럼 대접받아야 하고, 고객은 무례한 행동을 해도 괜찮다는 인식이 퍼져나가게끔 됐다.

언론인으로 활동하면 기업과 정부, 학계, 시민사회 여러 영역을 들여다보게 된다. 한국 사회 민주화에 발맞춰 정부와 학계, 시민 단체는 조직 내부에 민주주의 문화가 어느 정도 자리 잡았다. 반면에 기업주가 직원한테 욕설을 퍼붓고 인격을 짓밟는 사건이 자주 일어나는 것을 보면, 기업 영역은 아직 멀었다는 생각이 든다.

공직자는 국민한테 봉사하는 사람이다. 관공서 민원 현장이든 정책 이해관계 집단이든 모두 정책 고객으로 여기고 친절하게 대접해야 한다. 하지만 상업주의 물결에 휩쓸려 고객을 무조건 극존대한다는 그릇된 관념까지 좇을 필요는 없다. 민원 처리 공무원이 "수입인지는 칠백 원이시구요" "인감증명 나오셨구요"라고 말한다고 민원인이 만족하거나 민원인 지위가 높아지지 않는다.

호칭 혁신

한국 학생과 일본 학생은 대화 문화에 어떤 차이가 있는지를 비교한 연구가 있다. 한국 학생들은 대화가 시작되고 5분 안팎에 거침없이 사적 정보를 캐물어 상대방 신상을 거의 다 파악한다. 일본 학생들은 같은 시간에 겨우 상대방 이름을 알아낸다. 왜 한국 사람은 처음 만난 상대방의 사적 정보를 못 견디게 궁금해할까?

저명한 사회언어학자인 김하수 전 연세대학교 교수는 위 연구 결과를 소개하면서 호칭 때문이라고 설명했다. 한국인들은 신상 정보를 먼저 파악하지 않으면 적절한 호칭을 사용하기 어렵다고 느낀다. 형(또는 오빠, 누나, 언니)인지 알아야 하고, 학번이 어떻게 되는지, 혹시 동문은 아닌지, 더 나아가 고향이 같거나 이웃 고을은 아니었는지를 알아야 한다. 그래야 "형" "오빠" "언니"라고 감칠맛 나는 호칭을 쓰면서 더욱 화끈하게 친해질 수 있다고 생각한다.

호칭은 대화를 여는 첫 단계다. 그냥 이름을 부르든, 직함을 부르든 형, 동생이라고 하든 상대방을 불러놓아야 대화가 시작된다. 그런데 한국어 호칭은 매우 복잡하고 다양하다. 전통적인 호칭과 혁신적인 호칭, 고유한 호칭과 외래 호칭이 마구 섞여 말할 수 없이 복잡하다. 적절한 호칭을 찾으려면 머리를 써야 한다.

영어에는 남자는 '미스터(Mr.)' 여자는 결혼 여부와 관계없이 '미즈(Ms)'라는 보편적 호칭이 있다. 독일어나 프랑스어에도 비슷한 보편 호칭이 존재한다. 한국어에는 누구한테나 적용될 보편적인 호칭이 마땅치 않다. 원래 한국어에서는 '씨'가 누구든 두루 높여주고 두루 받아들여지는 보편적 호칭이었다. 언제부턴가 어감이 바뀌었다. 가령 공사 현장에서 작업 인부를 상대로 '김씨' '이씨'라고 부르면 자연스럽다. 딱 거기까지다. 격을 갖춰주고 존중해주어야 할 상대한테 아무개 씨라고 부르면 실례가 된다. '씨'가 어느덧 낮춰 부르는 호칭이 돼버렸다.

호칭이 복잡하고 보편적 호칭도 없으니 한국인들은 대화를 여는 단계에서 적절한 호칭을 찾느라 머리를 써야 한다. 호칭 때문에 인간관계에서 실수하거나 어려움을 겪기도 한다.

내가 대학원 신문방송학과 박사 과정 때 일이다. 나는 신문기자를 하면서 야간과 토요일에 개설된 강의에 다녔다. 방송사나 광고회사, 홍보회사 현업인이 동료 학생으로 많았다. 나는 학과 교수를 대개 선생님이라고 불렀다. 교수님이라고 하면 좀 딱딱하고 선생님이라고 해야 존경하는 뜻과 함께 살가운 정이 묻어난다고 여겨서였다. 그런데 한번은 한 동료 학생이 나한테 "왜 교수님을 교수님이라고 부르지 않는가?"라고 따져 물었다. 내가 신문기자라고 건방져서 교수를 덜 존경하는 듯하다는 의심을 내비치면서…. 알고 보니 많은 대학 사회 구성원들이 전임 교수는 교수님이라고, 그보다 지위가 낮은 시간강사는 선생님이라고 구별해 부르고 있었다. 나는 그 관습을 몰랐다. 지적받고 나서 나도 '선생님'에서 '교수님'으로 교수 호칭을 바꿨다.

집 근처 생활체육 배드민턴클럽에 가입했을 때 일이다. 연하인 남성 회원들은 나이를 계산해 나를 '형님'이라고 불렀다. 여성 회원들은 형님이란 말은 입에 붙지 않는 모양인지 나를 '사장님'이라고 불렀다. 나는 사장님이 아니고 회사원이라고 반박해도 굳이 사장님이라고 불렀다. 사장님이란 호칭은 상업주의가 우리 일상에 너무 깊게 침투하는 느낌을 준다. 좋은 호칭이 아니다. 이 밖에 사모님, 여사님과 같은 말이 널리 쓰이는데 그것도 좋은 호칭은 아니다.

국립국어원 언어사용 실태 조사 결과(2017년)를 보면 많은 시민이 호칭 사용에 어려움을 겪는 것으로 나타났다. 시민들은 어머니나 아버지, 배우자 친인척을 부를 때, 나보다 나이 어린 손위 시누이를 부를 때, 나보다 나이 어린 처형 또는 손위 처남을 부를 때 어려움을 느꼈으며 지인 중 나보다 나이가 많은 사람을 부를 때 힘들었고 낯선 사람을 부를 때 어려움을 느꼈다. 특히 손님이 관공서 직원이나 서비스직 종사자들을 '아저씨, 아주머니' '아가씨, 총각'이라고 부르면 불쾌감을 느낀다는 응답이 많았다. 요즘에는 손님이 서비스직 종사자를 친근감 있게 대접한다고 '언니' '이모'라고 많이 부르는데 이것도 당사자들은 좋아하지 않는다. 국립국어원 조사를 보면 서비스직 종사자들은 이런 호칭, 저런 호칭 필요 없고 차라리 '여기요' '저기요'라고 부를 때 불쾌감을 덜 느끼는 것으로 나타났다.

사회가 점차 민주화되고 혁신되고 있으니 호칭도 그에 발맞춰 혁신돼야 하지 않겠는가. 누구한테나 적용하고 편안하게 받아들일 좋은 호칭을 개발하고 확산시켜나가면 좋겠다. 누구든 차별 없이 인간으로서 존중받으며 수평적으로 즐겁게 소통하는 사회를 만들기 위해 호칭 혁신은 매우 중요하다.

기업 가운데는 수직 문화에서 창의적인 아이디어가 나올 수 없다며 호칭을 개선한 사례가 있다. CJ 그룹은 2000년부터, 아모레퍼시픽 그룹은 2002년부터 직함 호칭을 없애고 이름 뒤에 '님' 자만 붙여 부르도록 했다. CJ 그룹은 제일제당을 주력기업으로 삼아 1993년 삼성 그룹에서 독립했다. 이재현 CJ 그룹 회장은 2000년 1월 직함 호칭을 없애고 모두 이름에 '님' 자만 붙이자고 제안했다. 회장한테도 회장님 대신에 '이재현 님'으로 부르도록 사원들에게 요구했다. 회사는 호칭을 바꿈으로써 자율과 창의 분위기를 높이려고 했다. 그런 조처 덕분인지 CJ 그룹은 오늘날 문화산업과 식품, 생명공학, 유통 등 여러 영역에서 국내에만 3만 5천여 명이 일하는 대기업으로 성장했다.

직원 4,500여 명인 SK텔레콤은 2005년에 사원-대리-과장-부장으로 이어지던 직위를 없애고 모두 '매니저'로 통일했다가 2018년에 그것도 없애고 대표이사부터 모두 이름에 '님'만 붙여 부르고 있다. 인터넷 포털 다음은 창립 때부터 이름에 '님'만 붙여 부르다가 카카오와 합병한 뒤로는 '마이클' '루나' 같은 외국어 별명으로 부른다. 국내 최대 인터넷 기업인 네이버도 전통적인 직함을 모두 없애고 이름에 '님'만 붙여 부르고 있다. 젊은 직원이 많은 정보통신 기업들에서 직함 대신에 '님'이나 닉네임으로 호칭을 평준화하는 바람이 불고 있다.

전통적 호칭을 파괴했다가 원래로 되돌아간 기업도 있다. 한화그룹, KT, 포스코 등은 여러 직위를 통합해 '매니저'라고 부르다가 그만두었다. 업무 권한이 명확하게 인식되지 않는다는 문제점, 대외 관계를 할 때 외부 인사들은 여전히 직함 호칭을 선호한다는 현실론이 나와 되돌렸다고 한다.

공직사회는 계급구조가 강한 편이다. 정부 중앙부처를 보면 장관이 대표자가 돼 해당 부처 직무를 수행하고 부처 관료 조직은 장관 직무 수행을 보좌하는 기구 성격이 강하다. 장관이 법령 시

일 잘하는 공무원은 문장부터 다릅니다

행자가 되는 것이 단적인 예다. 기업은 대표이사가 최종 의사결정권자이고 대외 계약 서명자가 되지만, 대표이사 1인보다는 기업 조직이 전반적인 직무를 수행한다. 공직사회와 기업이 직무 수행 원리가 다른 까닭에 공직사회가 민간 기업처럼 호칭을 일거에 파괴하긴 어렵다고 생각한다.

공직사회 내부에서 호칭을 개선한다면 아랫사람한테도 적절하게 '님' 자를 붙여주는 데서부터 시작하면 좋겠다. 계급구조상 직무상 권한과 의무 차이를 유지하되 사람을 사람으로 존중하자는 뜻이다. 젊은 고위직 간부가 나이 든 하위 직책자에게 '님' 자를 붙인다고 직무상 위계가 흔들리지 않을 것이다.

행정안전부는 2010년에 공직사회 계급별 호칭 개선안을 통해 6급 이하 공무원 호칭을 바꿨다. 종전에 6급 이하 공무원을 '하위직'이라고 부르던 것을 '실무직'이라고 바꿔 부르도록 했다. 그 이전에 6~9급 공무원을 '주사' '주사보' '서기' '서기보'라고 밝혀서 부르고 대외문서에도 박아 표시하던 것을 직급 구분 없이 담당 직무에 따라 '주무관' '조사관' '감독관' 등으로 통일하도록 했다. 민원인한테 보내는 공문에 아무개 서기, 또는 아무개 서기보 등으로 낮은 직급을 밝혀 적음으로써 사람들한테 무시당한다는 느낌이, 호칭 개선을 통해 많이 줄어들었다고 한다.

관공서 민원실에서 방문객을 부르는 용어도 과거에는 '아줌마' '아저씨' '손님' '고객님' '저기요' 등 각양각색이었다. 요즘 국립국어원에서는 《소통언어 예절》이란 책자를 통해 '선생님' '아무개님' '아무개 선생님'을 사용하도록 권장하고 있다.

참고
문헌

- 강미은, 《성공하는 리더를 위한 매력적인 말하기》, 원앤원북스, 2005.
- 강미은, 《논리적이면서도 매력적인 글쓰기의 기술》, 원앤원북스, 2006.
- 강원국, 《대통령의 글쓰기》, 메디치, 2014.
- 강태완·김은정, 〈역대 대통령의 연설문에 나타난 수사적 특징과 역할 규정〉, 《사회과학연구》 30권 2호, 경희대학교 사회과학연구원, 2004.
- 강태완 외, 《토론의 방법》, 커뮤니케이션북스, 2002.
- 고미숙, 《읽고 쓴다는 것, 그 거룩함과 통쾌함에 대하여》, 북드라망, 2019.
- 구본권, 《디지털 개념어 사전》, 한겨레출판, 2021.
- 김미경, 《김미경의 아트 스피치》, 21세기북스, 2010.
- 김범준, 《말투를 바꿨더니 관계가 찾아왔습니다》, 생각의길, 2020.
- 김범준, 《모든 관계는 말투에서 시작된다》, 위즈덤하우스, 2017.
- 김영욱, 《비영리 커뮤니케이션》, 이화여자대학교출판부, 2010.
- 김지영, 《피동형 기자들》, 효형출판, 2011.
- 김준형·윤상헌, 《언어의 배반》, 뜨인돌, 2013.
- 김진배, 《소통유머》, 나무생각, 2013.

- 김진해, 〈디지털 대중매체 시대의 언어의 향배〉, 『새국어생활』 26권 3호, 국립국어원, 2016.
- 김찬석·이완수, 《스마트 프레젠테이션》, 국방정신전력원, 2019.
- 김하수, 《거리의 언어학》, 한뼘책방, 2020.
- 데브라 파인, 김태승·김수민 옮김, 《잡담 말고 스몰토크》, 일월일일, 2020.
- 데일 카네기, 성귀수 옮김, 《세상을 움직이는 성공 화술》, 북앳북스, 2007.
- 리처드 스텐걸, 임정근 옮김, 《아부의 기술》, 참솔, 2006.
- 마둥 외, 이남경 옮김, 《머릿속 생각을 제대로 말하는 법》, 시그마북스, 2018.
- 마셜 로젠버그, 캐서린 한 옮김, 《비폭력대화》, 한국NVC센터, 2014.
- 마이클 해크먼 외, 김영임·최재민 옮김, 《소통의 리더십》, 에피스테메, 2010.
- 민영욱, 《성공하려면 유머와 위트로 무장하라》, 가림출판사, 2008.
- 민현기 외, 《성공한 리더는 유머로 말한다》, 미래지식, 2011.
- 박금자, 《정의롭게 말하기》, 커뮤니케이션북스, 2012.
- 박소연, 《일 잘하는 사람은 단순하게 합니다》, 더퀘스트, 2019.
- 박소연, 《일 잘하는 사람은 단순하게 말합니다》, 더퀘스트, 2020.
- 박인옥·최원호, 《유머로 리드하라》, 북인, 2011.
- 박종인, 《기자의 글쓰기》, 북라이프, 2016.
- 박진영, 《한순간에 관계를 망치는 결정적 말실수》, 라의눈, 2017.
- 백미숙, 《스피치 특강》, 커뮤니케이션북스, 2007.
- 백승권, 《글쓰기가 처음입니다》, 메디치, 2014.
- 사이토 이사무, 최선임 옮김, 《사람은 왜 거짓말을 할까?》, 스카이, 2014.
- 사토 지에, 송은애 옮김, 《인간을 탐구하는 수업》, 다산북스, 2019.
- 아론 라자르, 윤창현 옮김, 《사과 솔루션》, 지안, 2009.
- 앨버트 허시먼, 이근영 옮김, 《보수는 어떻게 지배하는가》, 웅진지식하우스, 2010.

일 잘하는 공무원은 문장부터 다릅니다

- 양정철, 《세상을 바꾸는 언어》, 메디치, 2018.
- 웨인 베이커, 박설영 옮김, 《나는 왜 도와달라는 부탁을 못할까》, 어크로스, 2020.
- 유정아, 《유정아의 서울대 말하기 강의》, 문학동네, 2009.
- 윤미선, 《윤미선의 파워 스피치》, 미르북컴퍼니, 2013.
- 윤지관 외, 《영어, 내 마음의 식민주의》, 당대, 2007.
- 윤태영, 《대통령의 말하기》, 위즈덤하우스, 2016.
- 윤태영, 《윤태영의 좋은 문장론》, 위즈덤하우스, 2019.
- 이건범, 《언어는 인권이다》, 피어나, 2017.
- 이건범 외, 《나는 이렇게 불리는 것이 불편합니다》, 한겨레출판, 2018.
- 이다혜, 《출근길의 주문》, 한겨레출판, 2019.
- 이동연, 《통하는 대화법》, 책이있는풍경, 2008.
- 이오덕, 《글쓰기 어떻게 가르칠까》, 보리, 1998.
- 이오덕, 《우리글 바로쓰기 1》, 한길사, 2000.
- 이재란, 《정확하게 전달하고 OK를 이끌어내는 프리젠테이션》, 새로운제안, 2006.
- 이정복, 〈한국어와 한국사회의 혐오, 차별 표현〉, 《새국어생활》 27권 3호, 국립국어원, 2017.
- 이종은 외, 《언어와 정치》, 인간사랑, 2009.
- 이준웅, 《말과 권력》, 한길사, 2011.
- 이현우, 《사과의 공식》, 커뮤니케이션북스, 2015.
- 이현정, 《노무현 화술과 화법을 통한 이미지 변화》, 가림출판사, 2003.
- 임칠성 외, 《말짱에서 말짱되기》, 태학사, 2004.
- 장대익, 《사회성이 고민입니다》, 휴머니스트, 2019.
- 정용실, 《공감의 언어》, 한겨레출판, 2018.
- 정혜승, 《홍보가 아니라 소통입니다》, 창비, 2020.

- 조정래, 《황홀한 글감옥》, 시사인북, 2020.
- 조지 레이코프 외, 나익주 옮김, 《이기는 프레임》, 생각정원, 2016.
- 조지 오웰, 이한중 옮김, 《나는 왜 쓰는가》, 한겨레출판, 2010.
- 존 미어샤이머, 전병근 옮김, 《왜 리더는 거짓말을 하는가?》, 비아북, 2011.
- 칩 히스 외, 안진환 · 박슬라 옮김, 《스틱!》, 엘도라도, 2009
- 카민 갤로, 김태훈 옮김, 《최고의 설득》, 알에이치코리아, 2017.
- 한성일, 《유머》, 커뮤니케이션북스, 2016.
- 홍선표, 《최고의 리더는 글을 쓴다》, 시크릿하우스, 2021.

일 잘하는 공무원은 문장부터 다릅니다

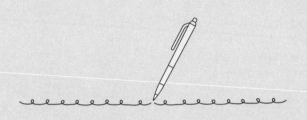

일 잘하는 공무원은 문장부터 다릅니다

ⓒ 박창식, 2021

초판 1쇄 발행   2021년 9월 10일
초판 3쇄 발행   2023년 7월 10일

지은이   박창식
펴낸이   이상훈
인문사회팀   김경훈 최진우
마케팅   김한성 조재성 박신영 김효진 김애린 오민정

펴낸곳   ㈜한겨레엔 www.hanibook.co.kr
등록   2006년 1월 4일 제313-2006-00003호
주소   서울시 마포구 창전로 70(신수동) 화수목빌딩 5층
전화   02-6383-1602~3 ┃ 팩스 02-6383-1610
대표메일   book@hanien.co.kr

ISBN   979-11-6040-649-8 13320